교과 연계표

《꿈발전소》 시리즈는 초등 교과와 연계되어 있습니다.
'시청'과 연계된 교과는 다음과 같습니다.

	3학년 1학기	1. 고장의 모습
	3학년 2학기	1. 고장 생활의 중심지
사회	4학년 1학기	2. 주민 참여와 우리 시·도의 발전
	4학년 2학기	1. 경제생활과 바람직한 선택
	6학년 1학기	3. 환경을 생각하는 국토 가꾸기

미래탐험
JOBS COMICS
꿈발전소
25 시청

국일아이

차례

등장인물

고영민

먹는 걸 너무 좋아하는 먹보.
학교 급식 메뉴를 돈가스와
불고기로 바꾸기 위해
어린이 교육 프로그램에
참여하지만,
엉터리 의견만 내놓는데….

강성훈

축구를 좋아해 학교
운동장에 잔디를
깔고 싶어 하는
말썽꾸러기.
우연히 시청에서 주관하는
어린이 교육 프로그램에
참여하며,
미래의 시장을 꿈꾼다.

김선희

7급 새내기 공무원.
자유롭고 창의적인
사고방식을 가지고 있어서
아이들의 의견을 존중하고
아이들을 도와 어린이
교육 프로그램을
성공적으로 이끈다.

유혜미

성훈이가 짝사랑하는 같은 반 여자 친구.
사회 복지에 관심이 많아 평소에도
이웃에 봉사활동을 하는 따뜻한 마음을
가지고 있다.

박윤철

타고난 두뇌로
공부도 잘 하고, 모든 일에
똑 부러지는 학생 회장.
부모님이 맞벌이를 해
아무도 없는
빈집이 싫어
여기저기 학원을 다닌다.

이영도

6급 공무원.
어린이 교육 프로그램
책임자로서 잘생긴 외모로
세련되고 지적이다.
하지만 원리원칙대로
지도해 아이들에게
'까칠남 선생님'으로 통한다.

추천사

꿈을 찾아가는
어린이를 위한 길잡이

　허영만 화백이 그린 《식객》이 한국 음식 문화의 품격과 철학에 관한 깊이를 더한 '만화 음식 문화서'라고 한다면, 국일아이의 《꿈발전소》 시리즈는 '꿈꾸고 희망하는 것을 줄기차게 노력하면 결국 이루어진다'는 교육 철학이 진하게 밴 학습 만화다. 만화로써 어린이와 청소년들에게 장래 직업에 대한 꿈과 희망을 심어 주는 진로 교육서기도 하다.

　꿈과 희망은 사람을 움직이는 강력한 에너지다. 꿈과 희망이 있는 사람은 밝고 활기차다. 호기심과 열정으로 가득 차 있어서 항상 분주하고 바쁘다. 특히 어린이와 청소년들에게 꿈과 희망은 삶을 긍정적으로 바라보는 나침반이다.

　어른이 되어 실현한 성공은 어린 시절부터 바랐던 꿈과 희망이 완성된 결과일 확률이 높다. 링컨과 케네디, 빌 게이츠와 오바마 등은 어린 시절에 꾸었던 꿈과 희망을 끈질긴 노력으로 실현한 사람들이다. 삼성을 일류 기업으로 이끈 이병철 회장이나 현대 정주영 회장도 어린 시절 꿈을 어른이 되어 실현한 대표적인 사

람들이다. 꿈과 희망은 마술처럼 사람을 변화시킨다. 꿈과 희망을 갖고 행동하고 노력하면 놀랍게도 현실로 이루어진다.

국일아이의 《꿈발전소》 시리즈는 우리 사회에 실제로 존재하는 직업에 관해 다루고 있다. 어린이와 청소년에게 장차 어떤 분야에서 무슨 일을 하며 사는 것이 좋고 가치 있을지 만화라는 형식을 빌려서 친근하게 다가간다.

직업을 소개하는 책은 많다. 그러나 이 책은 차별성이 있다. 직업을 소개하되, 무엇을 하는가 하는 단순한 소개에 머물지 않고, 그 직업의 사회 분업적 존재 이유와 작동 원리를 적절한 전문 용어를 사용하면서 설명한다. 만화 형식이라서 지루함이 훨씬 덜 느껴질뿐만 아니라 재미있는 이야기 전개와 맛깔스러운 대화 덕분에 직업에 대한 설명이 오래 기억된다.

이 책이 많은 어린이와 청소년에게 직업에 대한 새로운 문을 열어 줄 것이라 기대한다. 장차 세계를 이끌 주인공이 될 어린이와 청소년이 직업과 관련해서 멋있는 꿈과 희망을 얻게 되길 바란다.

문용린 | 서울대 교육학과 교수, 전 교육과학기술부 장관

작가의 말

모든 사람을 위해 봉사하는 멋진 나의 모습을 상상해보세요

  얼마 전 중·고등학교 학생들을 대상으로 설문 조사를 했어요. "어떤 직업을 갖고 싶은가?"하는 것이었지요. 이때 1위로 뽑힌 직업은 바로 '공무원'이었어요.

  중·고등학생들이 최고의 직업으로 '공무원'을 꼽은 까닭은 바로 '직업의 안정성' 때문이에요. 직업의 안정성이 뭐냐고요? 직업의 안정성이란, 급여를 정기적으로 꼬박꼬박 받으면서 오랫동안 일할 수 있는 정도를 말해요. 오늘날처럼 취업난이 심하고 취업을 해도 언제 회사에서 해고당할지 모르는 상황에서, '직업의 안정성'은 직업을 선택하는 가장 중요한 요소 중의 하나가 되었답니다.

  공무원은 법을 위반하거나 범죄를 저지르지 않는 이상 정년인 60세까지 일할 수 있어요. 우리나라 직장인의 평균 퇴직연령이 53세인 것에 비해 훨씬 안정적이라고 할 수 있어요. 또한 공무원연금제도에 가입함으로써 퇴직 후 생활 안정과 복리 향상을 기대할 수 있어요. 이런 여러 가지 면에서 공무원은 안정된 직업이라고 할 수 있겠죠?

　그런데 사실 '공무원'이라는 직업만큼 중요한 직업도 없다는 거 아나요? 공무원은 나랏돈을 쓰는 일을 하는 사람들이에요. 그래서 공무원들이 얼마나 알뜰하게, 얼마나 필요한 곳에 정확하게 쓰느냐에 따라, 나라 살림이 제대로 될 수도 그렇지 않을 수도 있어요.

　또한 공무원은 국민이나 시민들에게 필요한 일을 국민이나 시민들 대신 하는 사람들이에요. 도로를 놓고 공원을 조성하고, 보건소나 도서관을 운영하고, 시청이나 군청에서 시민들의 불편을 해결하는 등 모두 공무원들의 몫이에요. 따라서 공무원이라면 세금을 자기 돈처럼 아껴 쓰고, 시민과 국민, 더 나아가 자기 지역과 나라를 위해 봉사하는 자세를 가져야만 하지요.

　이 책은 바로 이러한 공무원의 자세를 여러분에게 알려주기 위해 만들어졌어요. 공무원이 어떤 일을 하는지, 어떤 자세로 일해야 하는지, 이 책을 보면 알 수 있을 거예요.

　이 책을 읽고 멋진 공무원이 되는 꿈을 꾸기를 바라요. 그런 어린이와 청소년들이 공무원이 된다면, 우리 국민과 시민들이 더욱 편리하게 살아가고, 우리나라도 더욱 발전할 수 있다고 믿으니까요.

지은이 | **안광현**

명예 시장을 꿈꾸다

패스해, 패스!
뻥

비켜라! 한솔 초등학교의 메시! 강성훈이 나간다!

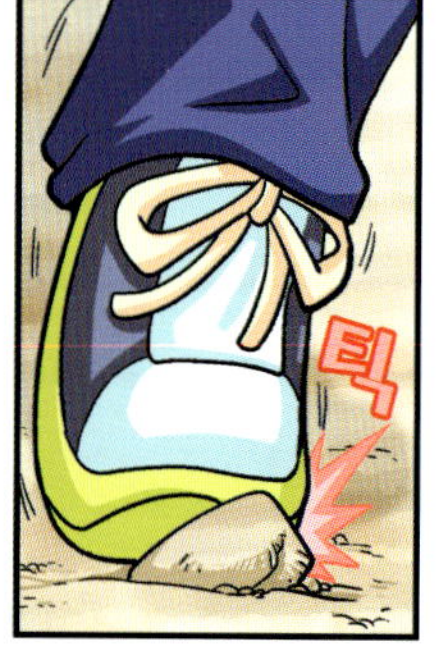

틱

꽈당

메시? 메시가 아니라 무시 아냐?
이것들이…
그래도 꽈당 점수는 10점 만점에 10점!

이런 흙바닥에서 공을 차려니 참! 아, 잔디구장이 그립구나!
벌떡
말이나 못하면!

그래도 이번 일로 깨달은 게 있지. 그건 바로 "학교 운동장에도 빨리 잔디를 깔자!" 어때?

그러면 소풍 온 것처럼 밥을 먹을 수 있고
조잘
조잘

강아지랑 놀기도 좋잖아!
하하하하

비 오면 물썰매를 탈 수도… 윽!
시끄럽고 공이나 받아!
뻥

아니, 우리의 학생 회장 박윤철!
학생 회장! 회장답게 잔디 좀 깔아 봐!
콱

이런 무식한! 학생 회장이라고 운동장에 잔디를 깔 수 있냐?
그럼 뭘 할 수 있는데?

내가 학급 회의 때 아이들마다 개인 컴퓨터를 주자! 또 엘리베이터를 설치하자!
급식 반찬은 열 가지로 늘리자! 했는데, 하나도 안 됐잖아!

완전 불평덩어리군!
이러니 내가 공부할 맛이 나겠냐!

알았으니까, 공이나 이리 주시지.

그래? 아까 너도 내 머리를 맞췄겠다….
뻐엉

저기…
스윽

어? 혜미다! 오늘은 더 샤방샤방하네!

어? 왜 혜미가 움직이는 게 슬로 모션으로 보이지!

퍼억

혜미야, 괜찮니?
어, 아… 코피….
아이고! 어쩌지?

에라 모르겠다. 일단 도망가자!
강성훈, 거기 세!
다다다다

헉헉

혜미는 왜 하필 그때 나타난 거야.

얘기도 제대로 못해봤는데… 코피부터 터뜨렸으니.

엄마 어디 가세요?
주민센터.

주민센터는 어떤 곳일까요?

주민센터는 지역 주민을 위해 여러 가지 일을 하는 관공서를 말해요. 예전에는 동사무소, 면사무소 등으로 불렸지요.
관공서는 정부에서 운영하는 기관이에요. 정부는 정책과 계획을 세우고 실행하기 위해, 또 국민의 불편을 해결하기 위해 여러 종류의 관공서를 운영해요. 시청이나 구청, 경찰서와 세무서 등이 대표적이지요.
주민센터는 대개 한 동이나 면을 단위로 두고 있어서 관공서 가운데 우리와 가장 가까운 기관이랍니다.

주민센터에서 하는 일

- 주민등록등본 등 각종 증명서 발급
- 출생, 사망 등 각종 신고
- 장애인, 노인, 아동 등 복지 업무
- 주민등록증 발급 등 주민등록증 업무
- 민방위 훈련 통보와 관리 업무
- 취학통지서 발급
- 선거인 명부 작성 등 선거 업무

아름다운 우리

주민등록증

쓰레기 무단 투기 때문에 걱정이 많으셨겠어요.
누가 아니래요? 양심 없는 사람들이 너무 많아서.

쓰레기 수거 구역을 만들고 안내문을 걸어두겠습니다.
쓰레기 수거 구역에 버리세요

그래도 또 버리면 어쩌죠?
그럴 땐 버린 사람을 본 즉시 신고해 주세요.

통장은 어떤 일을 하는 사람일까요?

우리나라의 행정 구역이 어떻게 나누어지는지 알고 있나요? 행정 구역이 큰 순서대로 나열하면 시(도), 구(군), 동(면), 통, 반 이랍니다. 그래서 우리가 집 주소를 쓸 때 ○○시(도) ○○구(군) ○○동(면) ○○통 ○○반 이라고 쓰지요. 각 행정 구역에는 장이 있어서 그 지역의 발전을 위해 열심히 일을 한답니다. 시나 도에서는 시장이나 도지사, 구나 군에서는 구청이나 군수, 동이나 면에서는 동장이나 면장이 있어요. 그리고 통과 반에는 통장과 반장이 있답니다. 동장이나 면장까지는 공무원이에요. 하지만 통장과 반장은 주민 가운데 각 지역 주민센터에서 심사해서 뽑아요. 이들은 반상회를 운영하고, 주로 관공서의 활동을 홍보하는 일을 담당하고 있어요. 주민의 불편 사항을 모아, 주민센터에 전하는 역할도 하지요. 한 마디로 공무원을 도와 우리 동네 일을 돌보는 거예요.

2층 자치회관에 잠시 들르자. 잠깐 볼일이 있어.
전 여기서 기다리면 안 돼요?

있으라고 하세요. 오늘은 한가한 편이라 괜찮아요.
그래도 될까요?

염려 말고 다녀오세요.
고마워요. 금세 올게요.

질문 하나 해도 돼요?
질문?

네. 아저씨가 이 동네 불편 사항을 들어주나요?
그렇단다.

민원실이란 어떤 곳일까요?

민원실에서는 지역 주민의 바람이나 불편 등을 모으고 처리해요. 주민센터는 물론, 시청이나 구청과 같은 행정 기관에는 반드시 민원실이 있어요. 행정 기관 뿐만 아니라, 경찰서와 세무서 등 모든 관공서에는 민원실이 있답니다. 보통 관공서에 어떤 용무가 있어서 갔을 때에는 민원실을 거쳐 해당 업무 부서로 가게 되지요.
하지만 요즘은 인터넷으로 민원 업무를 처리하는 경우도 많답니다.

우리 시에서 이번에 공무원과 어린이들이 함께 하는 교육 프로그램이 있는데,
거기에 참가해 봐. 그럼 학교 운동장에 잔디를 깔 방법을 찾을 수 있을지 몰라.
교... 교육

도움이 되는 사람을 만나게 해 준다고 해 놓고선!
갑자기 무슨 교육이에요?

거기서 네 의견을 말하고, 그 의견이 이뤄질 수 있도록 공무원의 도움을 받으라는 거지.

교육이라….
드르렁
ZZZ
어쩌고 저쩌고….

전 학교에서 받는 교육만으로도 충분해요.

아, 너 이 동네 살면 한솔 초등학교 다니니?
네.

너희 학교 아이들도 꽤 많이 신청했어.
그래서 너희 학교는 한 팀으로 따로 진행하더구나.
많이 신청했다고요?

치, 그게 나랑 무슨 상관! 어차피 교육은 따분할 텐데.

박윤철, 유혜미 이런 애들인데, 아니?
누구 라고요?

아니, 이럴 수가!
박윤철!
도대체 혜미랑
어떤 사이야?
이런 교육도
함께 받을
정도면….

게다가 아까 굉장히
다정해 보였었어!
괜찮아?

그런데 난 혜미 쌍코피나
터뜨렸으니….

그래! 어쩜 이번 교육이
좋은 기회가 될 거야!
혜미한테 사과도 하고,
또….
미안해!
괜찮아

좋아요! 아저씨,
저도….
어? 강성훈!

어? 박윤철! 네가 여기 무슨 일로….
…….

둘이 친구구나. 아 참, 너 뭐라고 말하려고 하지 않았니?
네! 저도….

강성훈, 너 혜미가 가만 안 두겠대.
힉! 아, 아저씨, 저, 저도… 도망가게 도와주세요~
이 말 하려던 거야? 아닌 것 같은데.

강성훈, 너는 주민센터까지 와서 공무원 아저씨를 귀찮게 하는구나!
너 정말 대단하다!

아저씨, 애가 여기서도 운동장에 잔디 깔아 달래요?
민원
그걸 어떻게 아니?

얘가 하도 노래처럼 부르고 다녀서요. 학교에 이거 해 달라 저거 해 달라, 불평도 많아요.
불평이 많기는!

불평이 많은 게 꼭 나쁜 것만은 아니지.
네?

모든 사람이 공통적으로 느끼는 불편을 찾아낸다면, 그 불편을 바로잡을 수 있지 않을까?
애는 그런 거랑은 거리가 멀어요.
니가 어떻게 알아?

너는 불평을 늘어놓기만 하고 그걸 바로잡을 방법을 찾지는 않잖아. 투덜투덜 투덜거릴 뿐!
내가 안 하는 거지.
발끈

내가 마음만 먹으면 모든 불편을 해결할 방법을 다 찾을 수 있어!
풉! 과연 그럴까?

명예 시장이란?

명예는 신분이나 직위를 나타내는 말 앞에 붙어, 어떤 공적에 대한 존경의 뜻을 나타내는 말이에요. 명예 박사, 명예 회장 등과 같이 쓰이지요. 많은 시에서 그 시의 발전을 위해 힘쓴 분들에게 '명예 시장' 직을 준답니다. 물론 명예 시장에게 행정을 책임질 실질적인 권리나 의무는 없어요. 하지만 시민에게 존경을 받을만한 공을 세웠다는 것을 시에서 인정해 주는 거예요.

기본적인 규칙도
안 지키고, 만날 불평만
늘어놓고, 사고나 치는
애가 명예 시장이요?
하하
새치기 해야지.
쓰레기통에
버리기 귀찮아.

오늘도 우리 반
유혜미에게 공을 날려서,
쌍코피를 터뜨렸다고요!
그…
그래.
으!
쌍코피!

유혜미?
너랑 이번 교육에
참여하는?
맞아요.

혜미가 성훈이 보면
가만 안 둔대요.

그래? 그럼 더 잘 됐다.
성훈이도 같이
교육 받으면서
혜미랑 친해지면 되겠네.
또 교육으로
빠지네!

네가 명예 시장이 되면
혜미도 너를 다시 볼 걸?
창구

명예 시장이 되다니!
너 정말 멋져!
그렇지~
명예
시장

결심했어요.
저도 신청할게요.
그래!

너 혜미
좋아하냐?
무슨!

나 강성훈은
여자 때문에
뭘 하는 사나이가
아니야!
나는 다만 우리 시의
발전을 위해서!
그리고 잔디 운동장을
위해 신청한
것 뿐이라고!
하하하
수상한데….

며칠 뒤

와! 여기가
시청이구나!
엄청 크네!

아, 근데 교육이
따분하면 어쩌지….

기왕 여기까지 온 거,
약해지지 말자!
혜미랑도
가까워지고….

쟤는?
강성훈?
크크크

좋았어!
어린이
명예 시장에
도전해
보는 거야!
퍽

혜, 혜미….

강성훈,
너 또!

또 쌍코피!
강성훈!
너 거기서.
또망가자!
쎄애앵
교육은
시작도 안 했는데,
이게 뭐야!

공무원은 어떻게 탄생했을까?

공무원이란 행정안전부, 외교통상부 등과 같은 정부의 각 부서나 도청, 시청, 구청 등과 같은 지방 자치 단체 등에서 공무, 즉 공공을 위한 업무를 담당하는 사람을 말해요. 이러한 공무원은 언제부터 있었을까요?

공무원의 탄생

공무원은 아주 오래 전부터 있었다고 해요. 사람들이 사회와 국가를 이루고 살면서부터 공무원이 존재했다고 하지요. 사회와 국가를 이루고 살아가려면, 당연히 그 사회나 국가를 위해 일해야 하는 사람이 필요하니까요. 옛날에는 그런 사람을 보통 '관리'라고 불렀어요.

그런데 옛날에는 아무나 관리가 될 수 없었어요. 관리가 되면 힘이 생겼거든요. 특히 세금을 거두는 일, 군대를 이끄는 일, 죄를 벌하는 일을 하는 관리는 큰 힘을 가질 수 있었어요. 그래서 대부분 나라에서는 왕족이나 귀족이 나랏일을 도맡아서 했어요. 고대 이집트나 메소포타미아에서도, 고대 로마에서도, 그 뒤 2000년 가까이 신분이 높은 사람들이 큰 힘을 가질 수 있는 관리를 도맡았답니다.

동양에서도 마찬가지였지요. 그런데 중국의 황제가 시험을 통해 관리를 선발하는 과거제도를 만들었어요. 이 제도는 왕의 힘을 강화하기 위해 만든 것으로 어떤 귀족이라도 시험에 합격해야만 관리가 될 수 있었답니다. 그래서 귀족들은 마음대로 관리가 되어 자신의 힘을 키울 수 없었어요.

우리나라에서는 고려 시대에 처음으로 과거제도가 전해졌어요.

조선 시대 과거 시험 재현 행사
우리나라에서는 고려 시대부터 과거제도가 시행되어, 조선 시대까지 약 1000년 동안 '과거'를 통해 관리를 뽑았어요.

오늘날의 공무원

오늘날에는 나랏일을 하는 사람을 관리라고 하지 않고, '공무원'이라고 해요. 공무원이 되려면 먼저 '공무원 시험'을 쳐야 해요. 과거와 똑같은 것 아니냐고요? 그렇지 않아요. 과거는 주로 양반만 칠 수 있었지만, 공무원 시험은 국민이라면 누구나 응시할 수 있으니까요.

또한 옛날 관리와는 달리 오늘날의 공무원은 높은 지위에 있다고 그 힘을 함부로 휘두를 수 없어요. 오히려 공무원이 제 역할을 하고 있는지 항상 평가하고 감시를 한답니다.

공무원을 감시하고 평가하는 건 누구냐고요? 국회 의원이나 시, 도, 구의 의회 의원이지요. 이들은 국민의 대표자로서 국민을 대신해 그 일을 하고 있어요.

공무원은 기본적으로 국민이 낸 세금으로 월급을 받고 일하는 사람이랍니다. 또 국민이 낸 세금을 쓰는 사람이기도 해요. 건설교통부에서 도로를 건설하고 구청에서 하천을 청소하는 일 등은 모두 세금으로 하는 일이잖아요! 그래서 공무원들이 국민들을 위해 제대로 일하고 있는지, 세금을 허투루 쓰지는 않는지 살피는 거예요.

공무원 하기 힘들겠다고요? 꼭 그렇게 생각할 일은 아니에요. 우리나라와 이웃을 위해 봉사하는 마음으로 일을 한다면 어떤 평가나 감시도 걱정할 일이 아니니까요.

공무원 선서

공무원들이 '나라와 국민을 위해 봉사하겠다'는 선서를 하고 있어요. 옛날 관리들이 '왕'을 위해 일했다면, 오늘날의 공무원은 '국민'을 위해 봉사한답니다.

환상의 팀 탄생

또 코피를 터뜨렸으니…
혜미랑 잘 지내기는
틀렸어!

교육도 따분할 것
같은데, 그냥 가자.
스윽

우왕! 저렇게
예쁜 누나가!

저기는 교육실인데,
왜 저곳으로 가지?
혹시… 혹시 교육을
맡으신 선생님?

흥, 그렇다고 교육을 받을 것 같아?
소녀시대가 온다 해도 안 받을 거야.

와! 소녀시대다!
솔깃

어디, 어디? 우리 열심히 교육받으라고 소녀시대가 온 거야?

소녀시대 새 노래 맞지?
그렇네!
엥?

완전 낚였네!

자, 모두들, 앉아.
이제 시작한다!

쳇, 왜 반말이야!
그런데 혜미랑 윤철이는….

안녀엉~
아니, 바로 뒷자리!

앉아도 왜 하필 쟤들 앞자리에 앉았냐! 휴~

나는 이번 교육을 맡은 이영도 주사다.
되게 딱딱하게 말씀하시네.

안녕하세요? 여러분!
여기 계신 분은 나와 함께 교육을 맡은 김선희 주사보시고.

역시, 예쁜 누나가 선생님이구나.

공무원의 직급

우리나라의 공무원은 모두 열 개의 직급으로 나누어져 있어요. 여기서 직급이란 직무의 능력을 말하는 거예요. 공무원이 되기 위한 가장 일반적인 방법은 '공무원 공개 채용 시험'에 합격하는 것이에요. 공무원의 직급은 어떤 급수의 공개 채용 시험을 보았느냐에 따라 결정되는데, 시험은 9급, 7급, 5급(행정고시) 뿐이랍니다. 나머지 급수는 임용된 후 내부승진으로 진급하기 때문에 공개 채용 시험을 실시하지 않는답니다.

따라서 9급 공무원 시험에서 합격하면 9급 공무원이, 7급 공무원 시험에서 합격하면 7급 공무원이 되는 거예요. 그렇게 공무원이 되면 승진 시험을 통해 9급 공무원은 8급, 7급 등으로, 7급 공무원은 6급, 5급 등으로 승진을 할 수 있어요. 하지만 고위급 공무원이 되기 위해서는 5급 시험에 합격해야만 올라갈 수 있어요.

공무원의 직급은 5급 이상, 6~7급, 8~9급(10등급)으로 크게 3단계로 나뉘어요. 각 직급은 1급 관리관, 2급 인사관, 3급 부이사관, 4급 서기관, 5급 사무관, 6급 주사, 7급 주사보, 8급 서기, 9급 서기보라 지칭해요. 직급 중 최하위 계급인 10급은 기능직에만 있는 등급으로 10급이라고 하지 않고 10등급이라고 해요.

공무원은 행정자치부와 같은 중앙 행정 관서, 서울 시청과 같은 광역 자치 단체 등 행정 관서의 규모나 직급에 따라 하는 일은 조금씩 달라요.

1~3급은 고위공무원으로 보통 중앙 행정 관서나 지방 자치 단체의 장으로서의 역할을 해요. 5급 사무관 이상부터는 간부직으로서 '~관'으로 불리며 기술, 연구 또는 행정일반에 대한 업무를 담당해요. 6~7급 공무원은 실무를 기안 처리하는 업무를 주로 하지만 일선 지방에서는 중간 간부의 역할을 하기도 한답니다. 8~9급 공무원은 간단한 업무의 처리나 보좌를 주로 하며 주민센터나 구청 등에서 대민 업무를 담당하고 있어요. 10등급 기능직 공무원은 행정보조 역할을 해요.

저는 이제 막 공무원이 된 새내기예요. 공무원으로서 첫 일을 여러분과 함께 하게 되어 정말 기뻐요.
저희도 기뻐요!

와! 김선희 선생님은 말씀도 잘하시네!

인사 끝났지? 자 그럼 본론으로 들어가 볼까?

선생님!

시청에서 또 공연 안 해요? 지난번에 본 연극이 재미있었거든요.

그랬니? 그런데 혹시 너는 시청이 어떤 곳인지 아니?
네?

그런 건 생각해 본 적 없는데요.
하하하
하하하

좀 더 알고 가기

지방 자치 단체

우리나라의 행정구역은 서울특별시와 부산, 인천 등 6개의 광역시와 경기도, 강원도 등 9개의 도로 나누어져 있어요. 그리고 각 행정구역은 또다시 구, 군, 시로 구성해요. 중앙 정부는 모든 지방에서의 일을 다 관리할 수가 없어서 그 지역의 행정을 담당할 수 있도록 시청, 도청, 구청 등을 두고 있답니다. 그래서 지역 주민들이 선거를 통해 시장, 도지사, 구청장, 군수를 뽑아 자기 지역의 행정을 책임지도록 한 거예요. 이렇듯 지역 행정을 관리하는 곳을 지방 자치 단체라고 하지요.

시청에 대해 생각해 보지 않은 친구들을 위해, 시청이 하는 일을 잠깐 살펴볼게요.
시민들이 행복한 푸른시

여러분, 푸른 도서관을 한번쯤 이용해 봤지요? 푸른 도서관은 우리 시청이 운영하는 곳이에요.
도서 반납이요.

시의 청소도 시청이 도맡아 해요.

공원, 가로등과 같은 공공시설물을 관리하는 것도 시청!

우리 동네 하천과 상하수도의 관리도 역시 시청이 하죠.

와! 하는 일이
참 많네.
그러게.
웅성
웅성

시장님은
부자인가 봐.
그런 일을 다 하게.

그런 일을 하려면
돈이 많이 들 텐데,
시장님은 부자인가 봐요.
내가
물어보려고
했는데.
와락

이 녀석들.
정말 공부 안 하는구나.
시장님이 자선 사업가냐?

그럼 어떻게
그 많은 일을
하는 거예요?

시민들이 세금을 내잖아요.
그 세금이 다시 시민들을
위해 쓰이는 거예요.

시민들을 위해
쓰인다!
그렇다면….

시민이 원하면
학교 운동장을
잔디 축구장으로
만들어주나요?

학생들이 몽땅
축구선수라면
가능하지 않을까?
저것들이!
못 살아.
또 축구 타령이네.
하하하

잔디 축구장이라면 시에서 운영하는 곳이 이미 있는데….
거긴 너무 멀어요.

글쎄요. 우선 그 문제가 얼마나 중요한 일인지 따져봐야 할 것 같아요.

시민들이 낸 세금은 가난한 분들에게 음식을 제공하는 데 쓰이기도 하고,
쌀
○○라면
다리를 놓거나 도로를 건설하는 등 시민 모두의 편의를 위해서도 쓰여요.

시의 경제를 살리기 위해 특산물을 개발하는 데도 쓰이고, 시에서 하는 일을 홍보하는 데도 쓰여요.
마을소식지
○○시 특산물

이밖에도 시청이 해야 할 일은 아주 많죠.

치, 역시
안 되는 거야?
뿍

하지만 대다수 시민들이
학교 운동장을 잔디 축구장으로
만들기를 원한다면
불가능한 건 아니죠.
그럼
그렇지!

그렇긴 뭐가 그래?
다 네 욕심이라고.
맞아!
저것들이
쌍으로!

흥, 잔디 축구장이
생기면 좋다는 걸
내가 꼭 보여주마!

잔디 축구장이
있으면 좋다는 걸
왜 몰랐을까?
그럼 혜미도
날 다시 보게 될 거야.
그것 봐!
호호
하하

강성훈 어린이의 의견은 잘 기억해 두겠습니다.
시민들이 행복한 푸른시

시에서 이런 프로그램을 만든 이유는 어린이가 어떤 생각을 하는지, 시는 어린이를 위해 무엇을 해야 하는지 찾기 위함이니까요.

다른 사람은 강성훈처럼 시에 바라는 게 없나?

저 있어요.
이름이… 고영민?

네. 저는 학교 급식에 날마다 돈가스가 나오면 좋겠어요.
하하

사회 복지

시민들이 쾌적한 환경에서 건강하고 안정적으로 살 수 있도록 힘쓰는 것을 말해요. 가난한 사람들이 최소한의 생활을 할 수 있도록 지원하고, 시민들이 저렴한 비용으로 의료 서비스를 이용할 수 있도록 돕는 건강 보험 제도 등이 사회 복지를 위한 대표적인 제도예요.

저희 동네는 여름이
되면 모기 때문에
못살겠어요.
앵~
앵~

주택가 소음도
문제인 것 같아요.
부우웅

생각보다
문제가 많네.

자, 또 다른 문제는
없을까?

다음 주까지
문제들을
찾아봐라.
그게 프로그램에서
너희들이 해야 할
첫 번째 과제야.

두 번째는 그 문제들의 해결 방법을 생각해 보는 거고. 물론 너희들이 해결 방법을 찾아내리라고는 기대하지 않아.
하지만 좋은 의견이 있으면 너희 의견을 시청 행정에 반영할 수도 있어.

그럼 다음 주에 봐요!
네!

왠지 가슴이 두근거리네. 그러니까….
두근
두근

시청 일에 내 의견이 반영될 수도 있단 거지?
그렇지.

그럼 난 내 이름으로 된 간판을 내걸자고 의견을 내야지. 내 이름이 유명해 지게.
도대체….
성훈백화점
성훈 불고기
성훈약국
성훈
성훈 슈퍼
성훈

말도 안 되는 소리 하고 있네!
혜미….

누가 네 이름을 딴 간판을 걸겠냐? 네가 뭔데!
나? 강성훈.

참! 내가 웃자고 하는 말이지, 진짜 그런 의견을 내겠냐?
게다가 난 이미 의견을 냈어. 잔디 운동장!

그래! 성훈아! 난 네 의견에 찬성!
고, 고맙다.

그 대신 너도 나를 밀어줘.
매일매일 학교에서 돈가스가 나오도록!

난 절대 쟤를 밀지 않을 거야.

왜냐! 나는 모두를 위한 생각을 하거든.
와~
돈가스도 모두를 위한 거야.
와~
쟤들 진짜 못 말려.

너희들 그러지 말고, 정말 시민을 위한 게 뭔지 살펴보지 않을래?

성훈이가 그럴 수 있을까? 사막에 비 내리는 거보다 어려울 걸.
뭐!

나를 뭘로 보고! 좋아! 내가 다음 주까지 모든 사람을 위한 좋을 일을 찾아올 거다.
발끈

다행이네. 내가 널 돕지 않아도 돼서.
어라?
팔랑

선생님이 오늘 내 주신 과제를 제대로 안 해올까 봐 도와주려고 했는데.
혜미야! 넌 날 잘못 보고 있어.
휙

내가 정말 과제를 해올 것 같아?

에이, 진짜 이래야 하나?
하지만 네가 도와준다면….

좋아,
나도 도와줄게.
넌 됐거든!
넌 좀
빠져!

회장으로서
가만있을 수 없지.
나도 도울게.

그래그래.
그럼 둘이 서로 도와.

좋아! 우리 넷이
한 팀이 되자.
환상의 팀! 어때?

힘을 합치면
분명 잘해낼 수
있을 거야.
그래그래.
돈가스도 같이
먹고.
좋아, 해 보자.
환상의 팀?
도대체 어떻게
돼가는 거야!

지방 자치 단체?
그게 뭘까?

지방 자치 단체라고 들어보았나요? 지방 자치 단체는 글자 그대로 '그 지방을 스스로 다스리는 단체, 즉 기관'이에요. 우리나라의 지방 자치 단체를 알아볼까요?

우리나라 광역 자치 단체

우리나라의 지방 자치 단체는 크게 '광역 자치 단체'와 '기초 자치 단체'로 나누어요.
광역 자치 단체란 서울특별시와 부산광역시, 인천광역시 등 6개 광역시, 경기도, 강원도 등 9개의 도를 말해요.
기초 자치 단체는 다시 서울특별시의 동작구, 광주광역시의 서구와 같은 '구'와 충청남도 금산군, 경상북도 의성군과 같은 '군' 그리고 전라북도 익산시, 경상남도 사천시와 같은 '시'로 행정구역이 나뉜 것을 말해요.

각 지방 자치 단체는 지방 의회와 자치 단체장으로 이루어지는데, 지방 의회란 그 자치 단체 주민들이 뽑은 대표, 즉 지방 의원들이 이루는 의회를 말하고 단체장은 시청, 도청, 구청 등을 말하지요. 지방 의원이나 시청, 도청, 구청을 이끄는 시장, 도지사, 구청장 등은 선거를 통해 선출해요. 지역 주민이 자신들을 대표하는 지방 의회 의원과 자기 지역 일을 책임질 단체장을 직접 투표로 뽑는 거예요.

우리나라 광역 자치 단체

제주도는 '제주 특별 자치도'로 불러요. 제주도를 국제 자유 도시로 발전시키기 위해 2006년 제주 특별 자치도 법을 마련했기 때문이에요.

지방 자치 단체에 속한 공무원

지방 자치 단체에는 많은 공무원들이 일하고 있어요. 시청이나 구청, 군청, 도청에 가면 어김없이 공무원들이 일하고 있잖아요? 이들은 모두 지방 자치 단체에 속한 공무원이에요. 이들을 보통 '지방 공무원' 이라고 하지요.

지방 공무원이 되려면 해당 광역 자치 단체에서 시행하는 '지방 공무원 공개 채용 시험' 에 합격하면 돼요. 이런 지방 공무원 시험은 대부분 나이나 학력에 제한 없이 응시할 수 있어요. 하지만 지방 공무원 시험은 그 지역에 살고 있는 사람이어야 한다는 등 응시자격에 제한이 있으므로 채용 공고문을 꼼꼼하게 확인해야 한답니다.

특별한 자격이나 능력이 있는 사람만 응시할 수 있는 분야도 있어요. 대표적인 예가 지방 자치 단체에서 운영하는 도서관에서 일할 사서를 뽑거나, 지방 자치 단체에서 운영하는 병원이나 보건소에 일할 간호사나 약사 등을 뽑는 경우예요. 이런 경우에는 당연히 사서 자격이 있는 사람, 간호사나 약사 자격이 있는 사람만 응시할 수 있겠지요?

또한 특별한 '경력' 을 가진 사람을 공무원으로 뽑는 경우도 있어요. 지방 자치 단체에서 자기 지역의 역사와 관련된 유적이나 유물을 발굴하거나 관리하기 위해서는 역사를 전공한 경력자가 필요하겠지요? 이런 경우 그와 관련된 경력을 가진 사람을 공무원으로 뽑는 거예요.

사서 선생님도 공무원?

지방 자치 단체에서 운영하는 시립도서관, 구립도서관 등 도서관의 사서 선생님도 공무원이랍니다.

3장

우리들의 문제

불편하거나 해결해야 할 문제라…
뭐가 있을까?

으이그, 정말 모르겠다!

아! 그래!
이 도시의 낡은 건물을 모두 최신식 고층 건물로 바꾸면 좋겠다!
우하하

어휴, 정말 큰일이네.
엄마! 다녀오셨어요?

무슨 일이 있었어요?
무슨 일은. 냄새 때문에 그러지.

요 앞 하천. 냄새가 나서 큰일이다.
아, 거기요.

저도 학교 갈 때마다 느껴요! '냄새 고약해!' 하고 말이에요.
냄새가 점점 심해지는 것 같은데….

그게 다, 이 동네가 저지대라서 그래.
이모!

저지대 하천은 냄새가 나?
그렇지. 저지대는 물이 고이기 쉽잖아.

그런데다 물이 잘 흘러가지 않으면, 물이 썩기 쉽지….
오~

비가 한번 쫙 내리면 나아질 텐데… 걱정이네.
참! 난 네가 더 걱정이다.

대학 졸업한 지가 언젠데, 만날 집에서 이러구 있냐!
이러구 싶어 이러우!

일자리를 못 구해서 그렇지! 언니는 청년 실업의 심각성도 몰라?

좀 더 알고 가기

일자리 창출을 위한 지방 자치 단체의 노력

'실업', '일자리 창출'과 같은 말 많이 들어봤지요? 실업이란 직업을 잃는 것을 말해요. 정부는 이런 실업 문제를 해결하기 위해 일자리를 많이 만들어내려고 하고 있어요. 이런 일은 '고용노동부'와 같은 기관이 전담하고 있어요. 하지만 다른 기관들이 손을 놓고 있는 건 아니에요. 일자리 문제는 전 국민의 생활과 밀접한 문제잖아요? 직업을 구하지 못하면 돈을 벌 수 없고, 돈을 벌지 못하면 생활을 할 수 없으니까요.

그래서 시청, 도청, 군청, 구청과 같은 지방 자치 단체는 실업 문제를 해결하고 새로운 일자리를 만들기 위해 팔을 걷어붙이고 있답니다. 기업들이 더 많은 사람을 채용할 수 있도록 돕고, 일자리를 찾는 이들과 일할 사람을 찾는 기업이 만날 수 있도록 '채용 박람회' 등을 열기도 해요. 또 창업을 하려는 사람에게 필요한 정보와 서비스를 제공하기도 해요.

아, 그래서 이모가
걱정이 없는 거구나.
정부나 시청에서 일자리를
찾아줄 거라서.
그, 그래.
이모나 조카나.
환상의 듀엣이네.
하하
끄덕 끄덕
휘청

말장난 그만 하시고,
취업 준비나 하시지.
그렇지 않아도
들어가려고 했어요!
슬금 슬금

이모가
빨리 취직해야
할 텐데.

다음 날

3시에 공원 광장에서
만나기로 했는데….

내가 가장 먼저 와 있는 걸 보면…

혜미가 나의 성실함에 놀라겠지?

야, 넌 여기서도 지각이냐?
너 같은 애 땜에 학교에 돈가스가 만날 안 나오는 거야.
지금 2시 40분이거든!

내가 사정이 있어서 2시에 보자고 했잖아.

약속 시간 바뀐 거 얘기 안 했어?
네가 한 줄 알았지.
니들 일부러 안 알려준 거지!

근데 무슨 일 때문에 약속 시간을 앞당긴 거야?
그게….

우리 옆집에 석준이라는 1학년 아이가 있는데, 내가 한글을 가르쳐주기로 했거든.

그걸 왜 네가 가르쳐? 걔 엄마는 안 계셔?
계시지.

그런데 석준이 어머니는 외국인이시라 우리말이 서툴러.

그래서 석준이도 우리말이 서툴러서 아이들에게 놀림을 받는다나 봐.
아이야, 난 한국 사람이야.
외국 사람이래요.

아, 이런 문제도 있네.
혜미야, 좋은 생각이 났어.

다문화가족

다문화가족은 한마디로 부모님 중 한 사람이 외국인인 가정을 말해요. 외국인 아빠나 엄마는 우리말이 서툴러 의사소통이 힘들고, 우리 문화를 잘 이해하지 못해 생활하는데 많은 어려움이 있어요. 그래서 아이들에게 우리말과 문화를 교육하는 것도 어려워요.
중앙 정부나 지방 자치 단체에서는 이런 문제를 해결하기 위해 다문화가족에게 여러 가지 도움을 주고 있답니다.

야, 박윤철.
너는 다른 과제는
생각한 거 없냐?
나야 당연히…

없지.
우헤헤!

계속 학원에
가느라 시간이
없었단 말이야.
학원?
넌 학원 많이
다니냐?

당근이지.
영어 끝나면 태권도,
태권도 끝나면 피아노,
피아노 끝나면…
영어 학원
피 아 노
태 권 도
와, 너 그러고
어떻게 사냐?

그럴 수밖에
없는 이유가
있어.
이유?
그게 뭔데?

우리 부모님은
맞벌이를 하셔.

너희가
맞벌이 부모 밑에서
자라는 나의 아픔을
아냐?

나는 그런 거 몰라.
네 아픔을
내가 어떻게 아냐!

학교를 마치고
집에 가면 부모님이
돌아오실 때까지
혼자 있어야 해.
와하하

텅 빈 집안에
혼자 있는 게
얼마나…
쓸쓸한지 니들이 아냐?
그래서 학원으로 뺑뺑~
21

이 문제도 선생님께 말해 보자.
맞다! 역시 헤미야!
짝

이것들이 완전 꿍짝이 잘 맞네.

하지만 내가 생각한 것을 말하는 순간….

청년 실업 문제를 말해보면 어때?
야, 그건 내가 말하려던 거야!
비법 노트 강성훈

그래? 그럼 하천 악취 문제는?
야! 그거 내 노트 아냐?
발끈

칫, 네가 다하면 난 뭐 하냐?
너 스스로 생각해야지.

하천 악취 문제···.
맞아. 냄새가 정말
너무 심해!

영민아, 정말 좋은
생각인 것 같아.
내 생각
이라니까!

네가 그렇게까지
원한다면, 네 생각이라고
해 줄게.
뭐?
그래 고맙다!

사실, 난 나대로
생각한 게 있어.

설마 또
돈가스 타령은
아니지?
날 뭘로
보고!

생각해 보니,
돈가스보다는 불고기
급식이 좋은 것 같아.
지글
지글

그게
우리 시랑
무슨
상관이야!

불고기를 많이 먹으면
소 키우는 아저씨와
배달하는 아저씨, 정육점이
돈을 벌 수 있으니까 경제가
좋아질 거 아니야.
말이 되는 것
같네!
고객
영양사
정육점
배송인
낙농인

맞는 말이긴 한데,
우리 시에는
소 키우는 분들이 없어.
어, 그런가?

그럼 저출산 문제는
어때? 중요하잖아.
이건!

이게 별로라면
좋아. 나의 마지막
비장의 카드!

그것은 바로바로,
자전거 도로 문제.
얼마나 심각한지 알아?

자전거 도로가 중간에 찻길과 만나게 되어 있어서, 정말정말 위험하다고!
자전거 도로

그래서 가끔 사고가 나서 다치는 일도 있어.

진작 이 얘기부터 하지! 왜 남의 생각을 가로채.
미, 미안!

어쨌든 함께 하니까 문제점을 많이 찾은 것 같아.

맞아! 우리 이런 문제를 모두 선생님께 말씀드리자.

그냥 문제만 말씀드리면 될까?
그럼, 선생님들이 알아서 해결하시겠지.

넌, 참!

문제를 생각해 오는 게 첫 번째고
그 문제 해결 방법을 찾아보는 게 두 번째라고 하셨잖아.

방법을 찾는 건 기대하지 않는다고….
그러게….

혜미 말이 맞아! 방법도 찾아보자.

우리가 무슨 수로 우리 시의 문제들을 해결해? 맞벌이가족, 청년 실업 같은 문제를!
일자리를 달라.

네 말이 틀린 것은 아니야. 하지만 우리와 아주 밀접한 문제부터 생각해 보면, 해결 방법을 찾을 수도 있지 않을까?
그렇긴 하네!

그럼, 오늘 나온 문제부터 살펴보자.
좋아. 둘로 나눠 가면 어때?

좋아, 좋아! 난 성훈이랑 한 팀!
넌 좀 빠져라, 제발.

너희 둘이 가면 장난만 치다가 돌아올 것 같아.
날 무시하는 거지!

내가 성훈이랑 하천에 갈게.
혜미야, 넌 정말 사람을 잘 보는 구나!
쏵

에이, 안타깝다. 성훈이랑 자전거 타려고 했는데.
난 너랑 자전거 안 타.

난 혜미랑 오붓하게, 하천 길을 걸으면서, 이야기를 나눌 거라고!
두근
두근
?

우~ 웩.
꾸리
꾸리

오붓하게
이야기를
나누기엔…
냄새가
너무 심한걸?

직접 와 보니까,
정말 심각하다!

지난번 비가 왔을 때
쓸려 온 쓰레기인가 봐.

우리나라 하천의 관리

우리나라의 큰 하천들은 중앙 행정 기관인 국토해양부나 서울특별시와 6개 광역시의 시장, 그리고 각 도의 도지사가 관리해요. 하지만 작은 하천들은 그 하천이 흐르는 시나 군, 도에서 관리를 한답니다.

그래서 특별·광역시 외의 시청이나 구청, 군청에서도 자기 행정 구역 하천의 수질이나 안전 등을 관리하고 주변을 공원으로 조성하는 등 하천을 쾌적하게 이용할 수 있도록 노력해요.

너희들 여기서 뭐 하니?
선생님.

푸른천을 깨끗하게 할 방법을 찾고 있었다고?

생각보다 열심인 게 제법이구나.
선생님은 어떻게 여기에….

올해부터 환경국 소속이야. 그리고 이 하천 담당이지.
환경국 이요?

정부에는 환경부가 있지? 우리 시청에는 환경국이 있어.

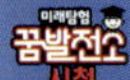

환경국

중앙 정부는 환경 문제의 중요성에 대해 알리기 위해서 환경부를 두어 각종 환경오염으로부터 우리 국토를 보전하여 국민들이 보다 쾌적한 자연, 맑은 물, 깨끗한 공기 속에서 생활할 수 있도록 힘쓰고 있답니다.

환경 문제는 지방 자치 단체에서도 그 지역마다 조금씩 다른 이름으로 담당하는 부서가 있어요. 예를 들면, 서울특별시는 기후환경본부 아래 기후변화정책관을 두고 있으며, 경기도에서는 환경국, 부산, 대구, 대전, 인천 등 4개 광역시는 환경녹지국 등을 두고 있어요.

각 지방 자치 단체는 그 지방의 여러 가지 상황과 형편에 따라 문제를 해결하거나 대책을 마련하고 있답니다.

쓰레기가 걸려 있기 때문이야.
그래서 마치 고인 물처럼 되어 버려,
물이 썩어 냄새가 나는 거지.

그러면 먼저 저 쓰레기를
치워야겠네요.
그렇지. 그건
벌써 계획을
세웠고.

다음 달부터
청소 작업을
시작할 거야.

와! 그럼 머지않아
푸른천에 물고기들이
헤엄쳐 다니겠네요!

네 말처럼 되면
얼마나 좋겠냐!

중앙 행정 기관?
그게 어딜까?

행정안전부, 건설교통부, 지식경제부, 환경부 이런 기관의 이름을 들어보았지요. 이런 기관은 모두 우리나라 중앙 행정 기관의 명칭이에요. 중앙 행정 기관이 무엇인지, 어떤 일을 하는지 알아볼까요?

우리나라의 중앙 행정 기관

중앙 행정 기관은 우리나라 전체의 '행정'을 실행하는 기관이에요. 우리나라에는 30여 개의 중앙 행정 기관이 있어요. 해야 할 일이 너무 많아서, 분야를 나누어 나랏일을 하는 거예요. 대표적인 기관을 살펴볼까요?

기획재정부	세금 정책을 비롯해, 우리나라의 정책을 기획, 총괄하고 재산을 관리하는 부서예요. 기획재정부 산하에는 '국세청', '통계청' 등 중앙 행정 기관이 있어요.
외교통상부	외교 정책을 수립하고 외국과 조약을 체결하는 등 외교와 통상의 일을 전담하는 부서예요. 한미FTA와 같은 조약도 이곳에서 체결했어요.
통일부	통일과 남북 교류 협력 정책을 수립하고 수행하는 부서예요. 남과 북이 분단된 우리나라에만 있는 부서랍니다.
법무부	우리나라의 법을 집행하는 부서예요. '검찰청'은 바로 법무부에 속한 중앙 행정 기관이에요.
행정안전부	우리나라의 행정과 지방 자치를 총괄하는 부서예요. '경찰청', '소방방재청'도 행정안전부 산하의 중앙 행정 기관이지요.
국방부	우리나라의 군대를 통솔하고 외국의 침략으로부터 국가를 수호하는 기관으로 '병무청' 등 산하 기관이 있어요.
보건복지부	국민의 보건과 복지 정책을 수립하고 총괄하는 부서로 '식품의약품안정청' 등을 산하 기관으로 두고 있어요.

이러한 중앙 행정 기관을 이끄는 사람은 누구일까요? 바로 '대통령'이에요. 대통령이 각 중앙 행정 기관을 이끄는 책임자, 즉 장관이나 처장, 청장 등을 임명한답니다. 또 그들이 제 역할을

하지 못할 때는 해임을 할 수도 있고요.

그런데 이러한 중앙 행정 기관은 대통령이나 나라가 처한 상황에 따라 하는 일이나 명칭이 변하기도 해요. 예를 들어, 예전에는 '교육부'와 '과학기술부'가 따로 있었지만, 두 부처를 통합해 '교육과학기술부'가 만들어졌어요. 또 요즘에는 일자리가 부족해서 정부가 더 많은 일자리를 만들기 위해 노력하고 있어요. 그래서 그 뜻과 의지를 담아 '노동부'를 '고용노동부'로 명칭을 바꾸기도 했답니다.

중앙 행정 기관과 공무원

중앙 행정 기관에서 일하는 사람들 역시 공무원이에요. 중앙 행정 기관에서 일하는 공무원이 되려면 '국가공무원 시험'을 봐야 해요. 국가공무원 시험은 대부분 중앙 행정 기관인 행정안전부에서 책임지고 시행해요. 중앙 행정 기관의 공무원이 되고 싶은 사람은 이 시험에서 자신이 응시하려는 분야를 선택해 시험을 보지요. 분야에 따라 공부해야 하는 시험 과목이 다르거든요. 국세청에서 일할 공무원은 '세무'와 관련된 지식이 필요하고, 검찰청에서 일할 공무원은 '법'과 관련된 지식이 풍부해야 하지 않겠어요?

세종로의 정부 종합 청사
지방의 고른 발전을 위해 우리나라의 중앙 행정 기관은 서울과 경기도 과천, 그리고 세종특별자치시, 이렇게 세군데에 나뉘어 있어요. 사진은 서울 광화문 앞 세종로의 '정부 종합 청사'예요.

1석2조를 찾아라!

저 선생님은 정말….

저 왔어요. 어머, 너희는 웬일이니?

여기서 냄새가 나는 원인이 뭔지 알아보려고요.
정말이니? 너희 너무 멋지다!

선생님은 여기 웬일이세요?

응, 저기 저 쓰레기를 치우려는 데, 쓰레기양이 얼마나 되는지 살펴보려고 왔어.
근데 와서 보니, 정말 많구나!

김선희 씨, 안 들어가?
아이들과 이야기 좀 하고 갈게요.

자, 여기서 한 가지 질문. 저 쓰레기를 치운 뒤, 우리는 무엇을 해야 할까?

완전 까칠해.
저 선생님은…．

어렵게 생각할 거 없어.
하천이 계속 깨끗할 수
있도록 노력하는 거지!

아깝다! 맞힐 수
있었는데….

하천은 청소하기로 했으니,
우리는 앞으로 하천을 어떻게
계속 깨끗하게 유지할 것인지,
그 방법을 생각하면 되겠네요.
그렇지. 그러니
좋은 아이디어를
생각해 보렴.

자, 그럼
나 먼저 간다.
잠깐만요!

이 문제 말고도
저희가 생각한 게
또 있어요.

게다가 그 문제들은
해결방법까지
다 생각해 뒀어요.
그래? 어디
들어볼까?

첫 번째는
청년 실업 문제.
이 문제는 회사를 많이
지어 해결하는 거예요.

그리고 그 회사 안에
아이들을 돌볼 수 있는 시설을
운영하는 거예요.
그러면 맞벌이 부부의
양육 문제까지도
해결할 수 있어요.
오!
들기만 해도
즐거운 일인데!

그렇죠? 또 있어요.
다문화가족의 아이들도
그곳에서 함께 돌봐주는
거예요.
야,
그런 회사가
어딨어?

그리고
자전거 도로
문제도 있는데….

전 자전거 안타니까, 천천히 해결하고요.

그런 게 어딨어?
내 맘이지 뭐!

그런데 성훈아, 실업 문제나 맞벌이가족 문제도 네 말대로 해결하긴 힘들어.
왜요?

네가 말한 것들은 다 돈이 드는 일인데, 그 돈을 어떻게 마련해?

으...
역시 돈이 문제네.

아! 그럼 세금을 많이 걷으면 되잖아요.

세금을 많이 걷으면 시민들이 불만을 가질 텐데. 세금을 많이 내는 걸 어떤 시민이 좋아하겠니?
그럼 어떻게 하죠?

적은 돈으로 큰 성과를 얻을 수 있는 방법을 찾아야지.

으악! 너무 어려워요.
그러니까 아이디어가 필요해.

1석2조의 효과를 낼 아이디어.
1석2조요?

하나의 돌로
두 마리 새를 잡는다?
떡

아! 알았다
헐, 그걸
알아들었어?

하나의 문제를 해결하는 데,
동시에 또 다른 문제도
해결할 수 있는 방법을
찾으라는 말씀이지요?

빙고!
앗싸!

그런데
어떻게 그런
방법을 찾죠?

그건 우리가 함께 생각해 봐야지!
으~ 또 생각, 생각!

친구들과 머리를 맞대봐.
나도 이 주사님과 이야기를 해볼게.

됐어요. 이거 한다고 뭐가 생기는 것도 아니고….

음… 혹시 아니? 내가 작은 상이라도 줄지?

상이요? 어떤 상이요.
글쎄….
샥

어린이 명예 시장으로 꾸민 상장을 만들어 줄게.
어린이 명예 시장

칫! 그런 거 말고 없어요?
음….

좋아! 좋은 방법을 생각해 내면 내가 한 턱 쏜다!
진짜요? 한 입으로 두말하기 없음이에요.

알았어. 약속은 꼭 지킬게.

다음 시간에 만나자.
네!

좋았어!
지금 당장
애들을 불러
회의를 하자!

난 안 돼.
뭐?
휘청

내가 그랬잖아.
일찍 가야 한다고.
아, 그랬지.

그래,
내일 보자.
그럼,
이야긴 내일
해야겠네.

아! 잠깐!
혜미야.
왜?

나도 가면 안 돼?
별로 할 일도 없는데…

됐거든.
이런.
철퍼덕

아니다. 같이 가자.
네게 부탁할 게 있어.
그래, 그래!
무엇이든 말만 해!
벌떡

즐거운 마음으로
도와줄 수 있지?
그럼, 그럼!
걱정 말라고.

읍읍!
(부탁이 이거였어?)
머리
코
눈
입
가슴
배
손

형이 도와주니까 공부하는 게 참 재밌지!
응.
너희는 재밌냐? 난 괴롭거든!
머리
손
등

너 한글 진짜 몰라? 1학년이?
모른다. 너는 아냐?

너? 너 지금 나한테 너라고 했냐?
참아!

석준이는 엄마가 필리핀 분이라, 우리말이 서툴러.
진짜 서툴러서 그런 거야?

그럼 친구한테 배우면 되는 거 아냐?

다문화가족 아이들은 우리와 외모가 약간 다르잖아. 그래서 친구 사귀기도 힘들대.

그래?
혹시 너 괴롭히는 녀석 있음 말해. 내가 혼내줄게.

그래. 요 녀석!
뭐! 저게!
참아!

난 다문화가족 아이들, 아무렇지 않던데.
다 너 같으면 얼마나 좋겠니.

하지만 외모가 다르고 말이 서툴다고 따돌리는 아이들도 많아.

좀 더 알고 가기

다문화가족 지원센터

다문화가족의 수는 점점 늘어나고 있어요. 그래서 다문화가족을 위한 지원센터도 생겨나고 있지요. 다문화가족 지원센터는 결혼 등으로 우리나라의 국적을 가지게 된 사람이 우리 사회와 문화에 잘 적응할 수 있도록 도움을 주고 있답니다.

지원센터에서는 다문화가족의 생활에 필요한 정보를 제공하고 교육, 가정폭력에 의한 피해, 의료·건강관리, 아동 보육·교육 및 다국어 서비스 등을 받을 수 있답니다.

그 가운데 대표적인 것이 바로 '우리말 교육 사업'이에요. 우리말을 잘할 수 있는 것만으로도 사람들과 어울려 살아가는 것이 한층 나아질 수 있어요.

다문화가족에서 자란 아이들은 자라면서 점점 '나는 누굴까?'에 대한 고민이 커진대.
나는 어느 나라 사람이지?
하지만 또래 친구가 많다면, 그런 고민도 줄어들지 않을까?

그러면 윤철이와 같은 아이들과 함께 놀면 좋겠다.

그래! 정말 좋은 생각이다.
진짜?

맞벌이가족과 다문화가족 문제가 동시에 해결되잖아.
1석2조네!

맞아! 강성훈 너 진짜 똑똑하다!

진짜 똑똑하다!
톡톡

야! 내가 너보다 형이라고 했지!
무서워!
발끈

좋아! 무슨 일이 있어도 이 문제를 해결하겠어. 그래야 저 녀석이 형 대접을 제대로 할 테니까.
활 활
활
그래! 바로 그거야.

그럼 아까 하던 거 계속 할까?
머리

이럴 줄 알았으면 자전거 도로에 가는 건데.
머리
코 눈
입
배
손
발

보행자 도로에서 지켜야 할 일

자전거를 탈 때, 보행자 도로를 지나야 한다면 어떻게 해야 할까요?
바로 자전거에서 내려 자전거를 끌고 가야 해요. 보행자 도로에서는 보행자의 안전을 최우선으로 생각해야 하니까요.
보행자 도로 뿐만 아니에요. 차도든 자전거 전용도로든, 보행자의 안전이 최우선이에요.

그럼 자전거 도로는 어딨지?

저기 있다. 자전거 도로!

저 표지가 있는 곳이 자전거 도로라고!

아이 참! 자전거 도로란 게 원….
투덜
투덜

아저씨 왜 그러세요?
자전거 도로가 제 역할을 못해서 그래.

왜요?
저길 보렴.

저렇게
차가 주차되어 있는데,
어떻게
자전거를 타겠니?

그 뿐만이 아니야.
저 간판은 어떻고.
노
래
방

자전거를 타고
다니기가
힘들겠어요.
누가 아니래냐?
이렇게 내려서
끌고 가는 일이
더 많아.

게다가 턱은
왜 이리 많은지…

저 쪽을 봐라.
저기는 계단도 있어.

자전거를 끌고
저기를 한 번
올라가면 기운이
다 빠져.

다리 밑은 어떻고!
자갈밭이어서
넘어지기에 십상이야.

자전거 도로가
좀 위험하네요.
그래.

걸어다니든지
차를 타고
다녀야지, 원.

거봐. 내 말 맞지.
자전거 도로에
문제가 많잖아.
넌 지금까지
보행자
도로에서
탔잖아!

자전거 도로에 주차를 못하게 하고, 세움 간판을 못 세우게 하는 방법 없나?
왜 없어?

춤추는 풍선 같은 걸 미리 놔두면 되잖아.
야! 그걸 말이라고 하냐?
휙
휙

농담이야! 턱이 있는 곳부터 어떻게 할 수 없을까?
그건 뭐 간단하지.

경사진 보조물을 설치하면 되잖아.

맞다! 그럼 계단은 요렇게 바꾸면 어때?
계단이 미끄럼틀이냐?

사람들이 어떻게 오르내려!
미끄러져 내려오지!

그리고 자갈밭은 시멘트나 아스팔트 같은 걸로 정리를 하고.

그것보다는 한쪽에만 보조물을 설치하면 돼.

잘난 척 하긴! 꼭 붙잡아서 꽉 깨물어 버리고 싶네!
성훈이랑 오는 건데
흐느적
흐느적
내가 그랬나? 미안….
뭐니?

지방 의회 의원의 신분은?

대한민국에 '국회'가 있듯, 각 지방 자치 단체에는 '지방 의회'가 있어요.
지방 의회에서는 무엇을 할까요? 그리고 그들은 어떤 신분일까요?

지방 의회 의원은 주민이 뽑은 공무원

우리나라의 각 지방 자치 단체에서는 4년에 한 번 지방 자치 단체장과 지방 의회 의원을 뽑는 선거를 해요. 이를 '지방 선거'라고 하는데, 투표를 통해 그 지역의 대표와 지방 자치 단체장을 뽑는 거예요.

지방 선거에서 뽑힌 지방 의회 의원들은 지방 의회를 구성해요. 그리고 지역 주민의 뜻을 모아 그 지역을 위한 정책을 결정하지요. 또 지역 주민이 낸 세금을 어디에 어떻게 얼마나 쓸지를 최종 결정해요. 뿐만 아니라 그 지역에 필요한 법인 '조례'를 만들기도 하지요. 이를 통해 지방 의회는 지방 자치 단체가 그 지역 주민을 위해 제대로 일하고 있는지를 감시할 수 있어요.

지방 선거를 통해 지방 자치 단체장도 선출돼요. 시장이나 도지사, 군수나 구청장 말이에요. 이들은 시청과 도청, 군청과 구청의 교통, 건설, 환경, 복지 등 그 지역과 관련된 행정 업무를 하고, 지방 의회에서 결정한 사항을 시행해요. 이를 위해 지방 자치 단체장은 각 시청, 도청, 구청 등에 소속된 공무원을 이끌어요.

지방 의회 의원과 지방 자치 단체장 역시 공무원이에요. 이들처럼 국민의 투표로 공무원이 된 사람들을 '선출직 공무원'이라고 해요. 국회 의원이나 대통령 역시 선출직 공무원이라고 할 수 있지요.

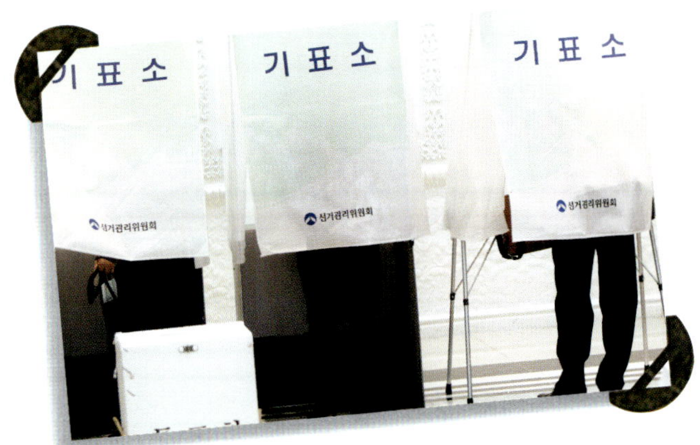

투표하는 주민들
지방 의회 의원과 지방 자치 단체 장을 뽑기 위해 투표하는 주민들.

특수한 신분의 공무원

선출직 공무원 외에도 특수한 공무원이 있어요. 대표적인 공무원이 '판사'와 '검사'예요. 판사와 검사는 사법고시나 로스쿨을 통해 임명돼요. 판사든 검사든 한번 임명이 되면, 판사는 법원에 소속되어 판사로서의 업무를, 검사는 법무부에 소속되어 검사로서의 업무만 할 수 있어요. 이런 공무원을 '특정직 공무원'이라고 하는데, 군인, 경찰 공무원이 여기에 속하지요.

또 대통령이나 시장, 도지사 등 지방 자치 단체장과 같이 임명을 통해 공무원이 되는 경우도 있어요. 우리나라 문화재의 아름다움을 널리 알리기 위해 평생을 노력하셨던 유홍준 교수님이 '문화재청장'으로 임명된 경우가 대표적이에요. 우리나라 문화재에 대한 최고의 전문가에게 문화재를 관리하고 보호해야 할 책임을 맡긴 거예요. 그 책임을 수행하는 동안 유홍준 교수님은 우리나라의 공무원이 되었던 것이지요. 시장이나 도지사 등도 자신의 업무를 가장 잘 도와줄 수 있는 전문가를 부시장 같은 공무원으로 임명하기도 해요. 이렇게 임명된 공무원을 '정무직 공무원'이라고 한답니다.

국무총리도 공무원
대통령을 도와 중앙 행정 기관을 이끌어가는 국무총리 역시 정무직 공무원이에요.

불가능은 없다

안녕히 계세요.
그래, 잘 가라.

안녕! 얘들아!

그날 생각해 보기로 한 건 잘 되가니?
그, 그게요. 좀 어려워요.

그래? 그럼 나랑 더 이야기해 볼래?
좋아요!

제 1회의실

작은 회의실인가 봐. 좋다.
그러게.

그런데 우리가 생각한 일을 한꺼번에 해결하는 건 아무래도….

어려울 것 같아.
휴~

한꺼번에 해결하자는 게 아니라 1석2조로 해결하자는 거였잖아.
우와! 햄버거다!

고민하는 너희들이 너무 기특해서!
야호!

차근차근 생각해 보자.
쓰윽

1석2조면
가능한 게
있어요.

혜미와
다문화가족에
가 봤는데요.
그래?

안 가고,
뭐 하는 거야?

윤철이처럼
맞벌이가족 아이들과
다문화가족 아이들이 함께
공부하는 방과 후 교실을
만드는 거예요.

그럼 뭐가
좋은데?
뭐가 좋냐고요?
그야말로
1석2조예요.

윤철이처럼 맞벌이가족 아이들은
안전하게 공부하고 여럿이 어울려
놀 수 있는 공간을 갖게 되어 좋고
석준이 같은 다문화가족 아이들은
많은 친구들을 사귈 수 있어서
우리말과 문화를 자연스럽게
배울 수 있어 좋고요.

어! 정말 1석2조구나!
헤헤.

제가 좀 덧붙이면요….

성훈이 이모처럼 취업을 못한 사람이 선생님으로 일하면 실업 문제 해결에도 도움이 될 것 같아요.

와! 그럼 1석 3조네!

우리 이모는 영어 전공이거든. 그럼 영어도 가르칠 수 있으니까 집집마다 학원비도 줄어들 거야.
Good Afternoon!
Hellow.
My name is Pinky.

우리 엄마는 교육비가 줄어들었다고 얼마나 좋아할까?
돈 굳었다

그럼 자전거 도로 문제만 남았네.
그것도 방법이 있어.

아무리 생각해 봐도 자전거 도로는 너무 위험해.
그래서?

위험하니까 없애는 거예요.
그게 무슨 방법이냐!

자전거 도로를 없애고 그 위에 아이들 공부방을 만드는 거야!
난 천재야!
도로 위에 무슨 공부방!

선생님, 제 생각인데요.

방과 후 교실에는 선생님들이 있잖아요.
그렇겠지.

그 선생님들께서 자전거 안전교육도 해 주시는 거예요.
꽤 열심인데.

안전하게 자전거를 타는 방법을 가르쳐 주시면, 아이들이 자전거 안전 수칙을 더 잘 지킬 게 아니겠어요?
어린이 교통 안전 수칙
주차금지

그게 좋네. 오랜만에 회장다운 이야기를 하네!
맞아!

생각이 꼬리에 꼬리를 무니까 멋진 계획이 잡히는데!

멋진 계획?
문제는 계획대로
되느냐지.
스윽

방과 후 교실을
만들려면 돈이
필요해.

선생님을
채용하는 데도
돈이 있어야 하고.

세금으로
하면
되잖아요.
맞아요!
세금은 이런 데
쓰라고 걷는 거
아니에요?

세금을 쓸 계획, 언제 세울까?

시청 등 관공서에서는 올해에, 내년에 어떤 일을 할지 미리 계획을 세워요. 그리고 그 계획을 실행하기 위해 돈이 얼마나 드는지 미리 계산을 하지요. 이것을 '예산'이라고 해요. 예산은 국회나 지방 자치 단체 의회로 올려 져요. 그리고 국회 의원이나 지방 의회 의원의 심의를 받지요. 거기에서 통과가 되어야 국민이 낸 세금으로 계획을 실행할 수 있는 거예요.

다음 해 1년 동안 계획대로 세금을 쓴 뒤에는 세금이 쓰인 내역과 그 근거를 바탕으로 다시 계산을 해요. 이를 '결산'이라고 해요. 결산 역시 국회나 지방 의회에서 심의를 하지요. 세금이 제대로 쓰였는지 검사하는 거예요.

문제는
항상 돈이네!
돈이 걸림돌이야.

하지만
선배님!

당장은 힘들어도
내년 예산으로는
잡을 수 있잖아요.

그거야 당연하지.

계획을 구체적으로
잘 세운다면 내년
사업 계획을 잡혀,
예산을 얻어낼 수 있겠지.

음… 그럼
내년까지
기다려야해?

선생님, 올해부터 할 수 있는 방법은 없어요?
시에서 하는 일이 그렇게 뚝딱뚝딱, 쉽게 결정되는지 알아?

뭐야?

물론 전혀 방법이 없는 건 아니야.
예비로 남겨둔 돈도 있고, 이미 결정한 계획을 변경할 수도 있으니까.

희망이 보여

얘기를 하다 말고 나가시면 어떻게 해요.

그 다음은 너희들이 방법을 찾아보렴.
진짜 치사해!

이미 계획된 일을 변경한다. 그래서 그 돈을 사용한다는 건데….
선생님, 이영도 선생님은 정말 까칠해요!

그런 말 마. 이 주사님이 우리에게 좋은 힌트를 주셨어. 얘들아, 우리 내일 다시 만나자. 내가 방법을 찾아올게.

역시 우리 선생님이야!

내일 다시 보자.
예!

다음 날
안녕하세요.

선생님 어디 편찮으세요?

아냐.

아닌 게 아니지.
후~

실은 어제 예산을 살펴봤는데, 이용할 만한 예산이 없더라고요. 남은 것이라고는 하천 청소 예산밖에 없는데….

하천 청소 예산이요?

그래. 너희가 봤던 그 하천. 그곳을 청소하는 분들에게 드릴 돈이지.

아~

그 예산을 이용하면
될 것 같은데요.

뭘 그렇게
봐!
뜸들이지 말고
알아듣게
말해 봐!

자원봉사자를 모집해서
하천을 청소하면
하천 청소 예산이
그대로 남는 거잖아요.
자 원 봉 사 자

그 돈으로 공부방을
만들면 되지요!
방과 후 교실
와~

성훈이
너 정말 멋지다!

이 말은 혜미가
내게 반했다는 말!
부끄
부끄

그게 말이 되냐?
털썩

뭐야,
이 찬물
한 바가지는!

왜 말이
안 돼!

누가
더러운 하천을
청소하러
오겠냐?

안 올까?

안 오면 오게 만들면 되지!
벌떡
뭐야, 저 포스는!

좋은 방법이 있을 거야.

맞아요! 남을 돕는 좋은 일이잖아요!

이렇게 하면 어떨까?
저렇게도 해 볼 수 있지 않을까요?
안 돼! 이건 안 돼!

그러게 안 된다니까.
안 되는 걸 갖고
머리를 짜낸다고 되냐?

잘 가.

휴~

성훈아,
우리 저기
구경하고 가자!

장 터
푸른마을 아파트

와! 떡볶이 맛있겠다!
아줌마 떡볶이 주세요.
떡볶이
순대
기타

꿀꺽
와~ 맛있겠다

여러분이 먹은 떡볶이가
아파트 경로당의 에어컨이 됩니다

아줌마, 저게 무슨 말이에요?

떡볶이 판매 수익금으로
경로당에 에어컨을
놔드린다는 거지.

아!

야,
같이 가!
후다닥

성훈아,
어딜 가!
헉.
헉.
엄마한테.
우리 엄마가 부녀회 회장이니까,
하천 청소를 도와달라고 할 거야.
여기도 부녀회에서 경로당을
돕기 위해 떡볶이 장사를
하는 거잖아!

그거
좋은 생각!

멈칫
야!
쿵

갑자기
서면 어떡해!

푸른마을
주민을 위한 콘서트

이게 뭐?

저거야!
와락

모르겠어?
우리도 저런
콘서트를 여는 거야!

그러니까 부녀회를 통해서 하천 청소를 위한 자원봉사자를 모집하고요, 또 콘서트도 여는 거예요. 자원봉사를 한 사람들을 위한 콘서트요!
제 1회의실

어때? 내 아이디어가!
무슨 소린지, 원!

콘서트를….

네 아이디어? 참! 콘서트를 여는 데는 돈이 안 드나?

그게 아닌가?
스윽

아니긴!
벌떡

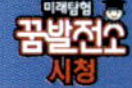

지방 자치 단체와 문화 예술 단체

시청이나 도청 등 지방 자치 단체에서는 예술 단체를 운영하고 있어요. 내가 살고 있는 시나 도, 구에서 발행하는 소식지를 살펴보세요. ○○ 시립무용단, ○○ 시립합창단과 같은 단체들의 공연 소식이 종종 실린답니다. 이런 단체들은 대부분 그 지방 자치 단체에서 운영하는 문화 예술 단체랍니다.

그리고 지방 자치 단체에 소속되지 않더라도 문화 예술 단체 가운데는 운영비의 일정 부분을 지원받는 등 지방 자치 단체의 도움을 받는 곳도 있어요.

성훈이 말처럼 일단 부녀회를 통해 자원봉사자를 모집하는 거야.
그리고 하천 근처에서 자원봉사자를 위한 조촐한 콘서트를 여는 거지.

어째 일이 점점….
왕창 커지는 것 같아!

그래, 일이 좀 커졌지?

그게 뭐 어때서요? 이왕 하는 거 크게 해야죠!

우리끼리? 무슨 수로?

너 같은 애가 어떻게 학생 회장이 됐냐?
난 터무니없는 일은 안 벌이니까!

그만!

안 될 때 안 되더라도
한번 부딪혀 보자!

역시!
맞아요! 선생님!
그럼 제일 먼저
뭘 해야 하나요?

가장 먼저?
그건 바로….

하천 청소 예산을
이용할 수 있도록
허락을 받는….

아! 그런데
어떻게
허락을 받지?
또야?

문화와 예술은
우리에게 맡겨주세요!

많은 시청과 도청, 구청과 군청은 문화 예술 단체와 시설을 직접 운영하거나 직간접으로 지원해주고 있어요. 그런 단체와 시설을 살펴보아요.

지방 자치 단체와 공연 예술

많은 시와 도에는 시립교향악단, 도립오케스트라가 있어요. 또 시립극단, 도립무용단과 같은 공연 예술 단체도 있지요. 이런 단체는 시청이나 도청이 직접 운영하거나 지원하는 공연 예술 단체예요.

시청이나 도청에서 직접 공연 예술 단체를 운영하는 경우, 직접 소속 예술 단체의 단원을 모집한답니다. 이렇게 공연 예술 단체에 소속된 단원들은 공무원과 같은 대우를 받을 수도 있어요.

직접 공연 예술 단체를 운영하지는 않더라도 직간접으로 지원하기도 해요. 공연 예술 단체가 시청이나 도청 건물에서 연습할 수 있도록 연습실을 무상으로 빌려주거나, 공연을 할 때 드는 비용을 지원하는 방식으로 말이에요. 또 세계적인 거장을 초청해 공연 수준을 높일 수 있도록 돕기도

**기립 박수를 받는
서울 시립교향악단**
서울 시립교향악단은 세계적인 교향악단으로 자리매김하고 있어요.

하지요. 예를 들어, 서울 시청은 우리나라 출신의 세계적인 지휘자 정명훈을 예술감독 겸 상임지휘자로 초청했어요. 그 결과, 서울 시립교향악단은 세계적인 교향악단으로 발돋움할 수 있었답니다.

지방 자치 단체와 전시 문화

지방 자치 단체는 공연 예술뿐만 아니라 전시 예술에 대해서도 많은 관심을 쏟고 있어요. 도립미술관, 시립미술관, 구립미술관 등을 운영하며 고흐나 피카소와 같은 유명한 화가의 작품 전시회를 여는 것은 물론, 현대 문명과 새로운 예술 장르를 만날 수 있는 전시회를 여는 거예요. 또 박물관과 같은 시설을 운영하면서 그 고장의 역사와 문화를 만날 수 있는 전시를 상시적으로 열어요. 때때로 외국의 문화재나 희귀한 동식물과 관련된 전시물을 대여해 특별전시회를 열기도 하고요.

이런 공연과 전시는 그 지역 주민들에게 큰 감동과 기쁨을 줄 수 있어요. 이를 통해 주민들의 생활과 삶이 보다 활기차고 아름답게 변할 수 있지요. 더 나아가 문화 예술 단체나 기관이 그 지방 자치 단체의 자랑거리가 될 수도 있답니다. 그래서 지방 자치 단체마다 문화와 예술 단체나 기관에 대한 지원을 아끼지 않는 거예요.

**멋진 전시를 준비한
부산 시립미술관**
많은 시민들이 부산 시립미술관에 전시된 작품을 감상하고 있어요.

까칠남과 친해져라?

후~
선생님
왜 그러세요?
갑자기
아줌마가
된 것 같아요.
너!

예산 집행 방법을 바꾸려면
담당자가 계장님께
허락을 얻어야 해.
계장님,
하천 청소 방법을
이렇게 바꾸면
어떨까요?
좋아!
좋아!
그럼 먼저 담당자가
우리 계획에
찬성해야겠네요!

그래 맞아.
담당자가 누구예요?
끄덕

되게 무서운가 보다!
목 말라

이영도 선생님이야.
푸아

까칠남 선생님이 담당자라고요?

까칠남 선생님이 우리 계획에 찬성할까요?

글쎄… 하지만 걱정 마. 준비 작업을 잘 한 다음에 말씀드릴 테니까.

다음 날

내가 생각해 봤는데!

뭘?
또 무슨 불평을 늘어놓으려고….

뭐?
이게…

어제 선생님이 그랬잖아. '준비 작업을 한다' 고.
그래서?

너희는 준비 작업이 어떤 거라고 생각하나?

내가 어떻게 알아?
글쎄?

내 생각엔 그 준비 작업이란,
이영도 선생님에게 말할 수 있는 분위기를 만든다!
이런 것 같아.
성훈이 너 어제 연구 많이 했구나!
턱

그런데, 분위기가 뭐야?
좋은 질문!

그 분위기란 말이야….

생각해 봐. 까칠남 선생님은 항상 까칠하잖아.
말도 못 붙이겠네!

그러니까, 절대로 까칠할 수 없도록 분위기를 만드는 거지.
투덜
투덜
오늘 옷이 멋진데요!
그런가?
급방긋
내가 좀 도울까요?

아무리 까칠한 사람이라도 자기를 칭찬해주고 잘해주는 사람과는 친해지기 마련이고,
친해지면 돕기 마련이야. 유식한 말로 이게 바로 인지상정이지!

인지상정을 그런 데다 붙이냐?
흥! 아직도 내 말뜻을 모르는군!

내 말 잘 들어봐! 기가 막힌 계획이 있다고!

첫 번째 단계:
칭찬으로 친해지기!
쓰레기 치우는 거야
모으기만 하면 금세 치우지요.
트럭이나 굴삭기를 쓰면
되니까. 문제는…

인공하천이라서,
물이 맑아보여도 바닥은
이끼 같은 걸로 미끈거려요.
그걸 닦아내려면 사람이
많이 필요한데…
그래요?

진짜 미끄럽네요.
이걸 사람이 일일이
다 닦아야 한다는
거죠?

얼른 가서 칭찬해!
좋은 찬스야!
야!
턱

뭘 칭찬하라는
거야?

네가
웬일이니?

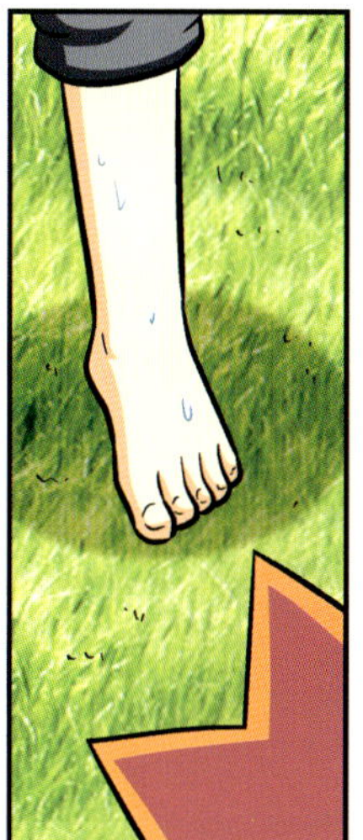

아, 선생님
발이 참 하얗고
예쁘네요!
뭐?

아,
안녕히 계세요.
뭐냐
저 녀석!
빠앵

너는 칭찬도
제대로 못하냐?
1단계 실패!
이게
뭐야!

어쨌든
다음 단계!
이런 걸
또 해?

두 번째 단계:
잘해줘서 친해지기!

이번에는
네 차례야.

빨리 가서
잘해주라고!

까칠,
아니 선생님.

아니,
너 여기 어떻게
들어왔어?
그, 그게….

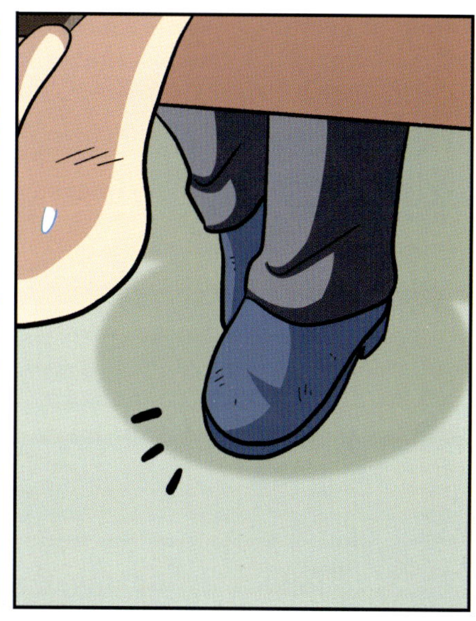

선생님,
제가 구두 닦아 드릴까요?
우리 아빠 구두 닦기 3년 차인데!

내 구두를
왜 네가 닦아?

쓸데없는
소리 말고 가라.

스윽

쿵

이상하네….

제 1회의실

야, 너는 좀 잘 하지.
미안해.

네가 미안할 건 없지.
이건 바보 같은
짓이라고!

오늘 작전은 실패!
하지만 우리에겐
내일이 있어!

혜미야, 너는
아무 말도 안 하니?
친해질 방법 없어?

잘 모르겠어.
실은 나도 윤철이와 같은 생각이야.
우리랑 친하다고 이영도 선생님이
우리 계획에 찬성할까?
내 말이
그 말이라고.

그건 니들이
모르는 소리.

김 선생님이 그랬잖아.
'준비 작업'을 해야 한다고.
김 선생님 말씀을 따라야지.
그리고 그 준비 작업은 분명
까칠남 선생님과
친해지는 거라고!

드륵

그러니까, 김 선생이
나랑 친해지라고 해서,
너희들이 오늘 나를 따라다니며
이상한 짓을 한 거로구나.

그렇다고
볼 수….
아, 아뇨
그냥….
턱

미안! 내가 늦었어.
근데 너희들,
무슨 일 있니?

왜 이렇게
분위기가 싸해요?

몰라서 물어?
김선희 씨 준비 작업
때문이잖아.

김선희 씨,
똑똑한 줄 알았더니
완전 실망이네.
무슨
말씀이신지…

담당자와 친해지면 그 담당자가 예산 집행 방법을 바꿔줄 거라고 생각했어? 정말 수준 이하군.
선생님은 우리 계획을 몰랐는데….

툭

와르르

선생님한테 사과해요!

다 제 생각이었어요! 김선희 선생님은 상관없어요.

내가 오해한 건가?

저희는 그저 선생님이랑 친해지면, 선생님이 저희 계획을 좋게 봐 주실 것 같아서….
전부 다 얘 혼자 꾸민 거예요.

선생님, 뭐가 어떻게 된 거예요?

내가 실수를 한 것 같군!

탁

선생님
죄송해요.

아 참, 도대체
무슨 소리를
하는 거야?

그게
그러니까요….

주저리
주저리

그러니까, 너희가
이영도 선생님을
하루 종일 따라 다녔다!

칭찬하고 잘해주면 친해질 거고,
그러면 이영도 선생님이
우리 계획을 받아줄 것 같아서!

너희들 정말
바보 아니니!
벌떡

이영도 선생님을 몰라?
그 사람은 원리원칙대로
하는 사람이라고!
내가 말한 준비 작업은
우리 계획을 문서로
작성하는 거였어.
이 선생님을 설득하려고!

전, 그것도
모르고….
모르면
가만히나 있지.

메롱~
저건
친구도 아냐!

지금부터라도
정신 차려!

우리가 하려는 이벤트 내용을
정리한 거야. 여기에 빠진 거나
덧붙일 것이 있는지,
낼까지 생각해 와. 숙제야!
오늘은 끝!

그래,
어제 숙제는
해왔니?

선생님!
이것 좀
보세요.

아이돌 그룹
울트라주니어
와 함께하는 이벤트
팬들이 부르면
달려 갑니다

여기에 우리의 사연을 보내요.
사연이 뽑혀 울트라주니어가
우리 이벤트에 참여하게 되면
더 많은 사람들이 관심을 가질 거예요.
와~

그래! 정말로 좋은 생각이다.

그런데 울트라주니어가 우리에게 올까요?
야! 너!

그거야 해봐야 알…!

이크, 들켰네!

일단 해 보는 거야! 실망하지 않게.

우리 시와 시민을 위해, 아자, 아자 파이팅!
우리 시와 시민을 위해서?

다음 주 월요일 아침
……
시민들이 행복한 파른시

〈기 획 안 〉

9:10

10:30
실행 방법

11:41
기대효과

12:45
밥 안 먹어?

12:55
뭐라는 거지?

퇴근들 하지.

이영도 씨,
김선희 씨
이리 좀 와 봐요.

이거,
김선희 씨가
만든 거라면서?
네.

아주 좋네. 시민이
자발적으로 참여해,
우리 시의 문제를 해결하는
콘셉트가 특히 좋았어.

감사
합니다.
꾸벅

그런데….

네?

시간이 너무 없어.
다음 달까지 하천 청소를
마쳐야 하는데, 이벤트를 하고
봉사자를 모으고, 언제 다해?

내년 사업 계획으로
잡아 봅시다.

네, 알….
잠깐만요
계장님.

홍보만 잘 하면 시민들의
참여를 충분히 이끌어
낼 수 있지 않을까요?

김선희 씨 안건대로
해보겠다는 가야?

공무원의 책임

모든 일에는 책임이 따르기 마련이에요. 국민의 세금으로 월급을 받고 국민을 위해 봉사해야 할 공무원에게도 당연히 책임이 따르겠지요?

공무원의 책임이란 국민 전체에 대한 봉사자로서 책임과 의무를 다 하는 것이에요.

공무원이 자신의 책임을 다 하고 맡은 일을 잘해 낸다면 더 높은 직위로 승진할 수 있어요. 하지만 국가와 국민에게 피해나 손해를 입혔다면 승진에서 제외되거나 징계를 받는 등 불이익을 받을 수 있지요. 뇌물을 받는 등 공무원으로서 하지 말아야 하는 일을 했다면 공무원의 자격을 박탈당하기도 해요.

이러한 공무원으로서의 책임과 징계는 '법'으로 정해 놓고 있답니다.

시청에서 하는 일은 어떻게 알 수 있을까?

시청이나 도청, 구청이나 군청은 우리 지역 주민들이 편리하고 안락하게 살 수 있도록 여러 가지 사업을 시행하고 있어요. 그런데 우리가 이것을 모르면 아무 소용없잖아요! 지방 자치 단체에서 하는 일을 어떻게 알 수 있는지, 알아볼까요?

홈페이지를 이용할 수 있어요!

모든 시청, 도청, 구청, 군청은 홈페이지를 운영하고 있어요. 그러니 포털사이트에 자기가 속한 지방 자치 단체의 이름을 검색해 보세요. 춘천시에 산다면 '춘천시청', 포천군에 산다면 '포천군청'이라고 말이에요. 그러면 내가 사는 지방 자치 단체 홈페이지에 접속할 수 있어요. 홈페이지에 접속하면 우리 시 혹은 우리 구에서 무엇을 하고 있는지, 어떻게 하면 그 일에 참여할 수 있는지 쉽게 알 수 있어요. 어디서 어떤 공연을 하고, 어디서 무슨 전시를 하는지, 언제 축제가 열리는지 등도 알 수 있지요. 그 뿐인가요! 우리 고장의 과거의 모습과 현재의 모습은 물론 미래의 모습까지 그려볼 수 있답니다. 그러니 한 번도 내가 사는 시나 구, 군이나 도청의 홈페이지 구경을 하지 않았다면, 지금 당장 들어가 보세요.

홍보물을 살펴보세요

모든 자치 단체는 정기적으로 홍보물을 발간해요. 그리고 그것을 주민에게 무료로 배포하지요. 지역마다 그 형태는 다양해요. 신문처럼 만드는 곳도 있고, 팜플렛처럼 만드는 데도 있으니까요.
그런 홍보물이 보이면, 한번 찬찬히 읽어보세요. 컴퓨터 화면으로 보는 것보다 훨씬 보기가 쉬울 거예요.

반상회에도 참여해 보세요

반상회는 지역 주민들이 시간과 장소를 정해 모두 모여서 그 지역의 문제점이나 건의할 점 등 다양한 주제를 논의할 수 있는 회의예요. 이때, 그 지역의 시청이나 구청에서 어떤 일을 하는 지도 알 수 있답니다.
도심 아파트 밀집 지역은 반상회에서 주민들이 당면한 현안에 대해 공동으로 논의한답니다.
또한, 반상회는 주민들 서로 간의 의사소통을 원활하게 하며, 친목을 다질 수 있는 유용한 장으로써의 역할을 해요.

7장

나의 꿈은!

와!
정말 멋지다!
까칠남 선생님이
해낸 거야?
무슨 꿍꿍이가
있는 거 아닐까요?

무슨 말이야. 시 홍보팀,
시 산하 문화 단체를
뛰어다니면서
얼마나 열심인데.
톡
톡

이것 볼래?
푸른 시청
톡

까칠남 선생님이 가시를 세우고 협박하신 것 아냐?
내 말을 안 들어주면, 따라다니면서 괴롭힐 거야!
알았어! 들어주면 될 거 아냐!
피식
홍보팀

그게 말이 돼!

우리도 뭔가를 해야 하지 않을까요? 이벤트를 홍보한다던가…

맞아요! 까칠남 선생님한테 질 수 없어요!
불끈

이러면 어떨까?
저러면 어떨까?

다음 날
교무실

선생님.

아주 좋은 일을 하는구나!
그런 일이라면 당연히
우리 학교 홈페이지와
전교 어린이회를 통해
널리 알려야지.

교실
웅성
웅성

너희,
토요일에
뭐하냐?

우리 토요일마다
하천 청소 안 할래?
재밌겠다!
받아라
쓰레기!

혜미의 방

전국 어린이 글짓기 대회
"나의 꿈, 나의 친구"
주최 / 국일아이

좋아! 우리의 이야기를 내 보는 거야!
타타타

성훈이네 집
엄마, '맞벌이가족 및 다문화가족 아이들을 위한 방과 후 교실 건립 청소 이벤트'를 하려는데요….

그런 좋을 일이라면, 공부하기 바쁜 이 이모도 참가한다!

역시 부녀회장님 아들답네! 우리 아들이!

그런 일이라면 우리 회원을 총동원해야지! 우리 동과 주민을 위한 일인데!
엄마 최고!

토요일

맞벌이 가족 및 다문화 가족 아이들을 위한
방과 후 괴실 건립 청소 이벤트

네, 이제
자원봉사자들만
모이면 돼요.
사람들이
정말 올까?
걱정 마.
오겠다고
약속한 분들도
많았다잖아.
준비는
다 된 것 같지?
쵸코렛
파이

여기가
청소하는 사람들
오는 곳인가?

예, 맞습니다.
어르신.

저럴 때는
완전 친절남이네!

행사장

엄마!

늦었지?
설거지하고
재활용품을 버리고
오느라고….
근데 다른
아줌마들은….

아줌마가 원래
시간관념이 없어!
주부라
바빠서
그래!

성훈 엄마!
아니, 회장님!
왔다!

이렇게 와주셔서 감사합니다.
시청에서 이렇게 좋은 일을 하는 데 와야지요!
그러게요, 이게 어디 남의 일이에요? 우리 마을 깨끗이 하고, 애들 공부방 만드는 건데!

와!

우와!

성훈아, 저 사람 누구니? 저 왕 샤프남은?
누구?

샤프남이 아니라, 까칠남이야.

이모, 청소나 하시지!

어르신들, 아주머니들!
이제 좀 쉬었다가
하시죠!

아니, 밥까지
주는 거야?
와! 꼭
소풍 온 것
같다!

어, 저 사람들은
누구야?

안녕하세요!
저희는 푸른시 문화 예술 회관에서
뮤지컬 공부를 하고 있는 학생들입니다.
많은 분들이 여기서 청소를 하신다고 해서,
위문차 이렇게 나왔습니다.
위문 공연 하는 거야!
좋지! 노래 한번
불러봐!

파닥파닥
날개를 뻗어,
푸른시로
날아오길 원해!
긴 다리로
성큼성큼
이 냇물을
걷길 원해!
두루미도
오오오오!
청둥오리
오오오오!
찰칵
찰칵

찰칵
?

다음 날
제 1회의실

윤철이는 왜 이렇게 늦어?
설마, 청소 힘들다고
빠지는 건 아니겠지?
윤철이가
그럴 애니?

피!
애들아!
드륵

시간 좀
지키시지!
이것 보라고!
툭

시청과 시민이 함께 한 청소 이벤트
푸른시 초록동에서 뜻깊은
이벤트가 열렸다. '맞벌이가
족 및 다문화가족 아이들을
위한 방과 후 교실 건립 청
소 이벤트' 라는 다소 긴 이
름의 이 이벤트는 이 시에서
주최하는 어린이 교육 프로
그램에 참여한 어린이들의
아이디어...

로 기획되었고,
프로그램을 지도하는
시청 직원의 노력으로
성사되기에 이르렀다!

우와!
정말 멋져!

그런데 사진에는
우리 얼굴이 없네.

보도자료

신문사나 방송국은 항상 뉴스거리를 찾아다녀요. 하지만 모든 뉴스거리를 기자가 찾을 수는 없잖아요? 그래서 시청과 같은 관공서에서는 먼저 '이러이러한 일이 있다'는 소식을 신문사나 방송국에 전해요. 뉴스거리를 먼저 제공하는 거지요. 이를 보도자료라고 해요.

보도자료는 관공서 뿐만아니라, 회사나 여러 단체에서도 만들어요. 뉴스 보도는 가장 좋은 홍보 수단 중 하나니까요.

빤~히

왜 그래?

내 눈으로 쳐다보는 것도 안 돼요?
싱겁기는
….

선생님, 웃으면서 말씀하세요. 그럼 좀 잘생겨 보여요.
내 마음이지.

띠리리 ♬♪
010-3413-12○○

여보세요?

저, 정말이요!

벌떡

왜 그래?
뚝

울트라주니어가
우리 이벤트에
온대요!

정말?
꿈이냐,
생시냐!
혜미야,
진짜야?
그, 그래.

맞벌이가족 및 다문화가족 아이들을 위한
방과 후 교실 건립 청소 이벤트
주최 / 푸른 시청

꺅!
오빠!

네가 혜미니?

진짜,
잘 생겼다.

청소 도구예요.

와아아

자원봉사
자원봉사

방송국에서 나왔나봐!
우릴 취재하려고?
KSBC

빼꼼

뭘 하는 거지? 왜 왔지?

여기서 뭐해!
탁

얼른 따라와.
청소 제대로 안 했다고 그러는 건가?

어딨었어.
얼마나 찾았는데.

방송국에서 취재팀이 왔어.
우리를 인터뷰할 거니까,
여기서 잠깐 기다리자.

어서 오세요.
안녕하세요!

이 이벤트를 연
목적이 특별하다고
들었는데요.

네. 저희가
어린이를 대상으로 연
교육 프로그램에서….
떨리나
봐!
쿡쿡

그럼, 이 이벤트를 기획한 건, 여기 이 어린이들이라는 말인가요?
끄덕

벌벌

카메라, 잠깐 끌까봐요.
벌벌벌

얘들아, 그냥 편하게 하면 돼. 엄마 아빠가 동영상 찍어주시는 것과 똑같아!

자, 다시 카메라 갑니다!

어떻게 이런 기특한 생각을 하게 되었나요?
선생님이 잘 가르쳐 주시고, 우리 시와 시민을 위해 아이디어를 냈습니다.

시민들이 참여해 주시던가요?

모두들 멋진 이벤트라면서 좋아하시는 것 같아요. 또 울트라주니어 오빠들까지 오고, 그래서….
그건 다 혜미의 아이디어였어요.
뿌뿍

어머, 그래요?
혜미가 울트라주니어에게 편지를 써서….

쟤, 쟤가 정말 고영민이야?

시청에서 마련한 교육 프로그램에 참여하고, 이런 이벤트를 진행해 보면서 어떤 점이 가장 의미 있는 기억으로 남을 것 같나요?

가장 큰 의미는 무엇보다도 시청과 같은 자치 단체와 공무원, 그리고 시민이 힘을 합하면 우리 사회의 어떤 문제도 해결할 수 있을 거라는 생각을 하게 되었다는 점입니다.

쟤가 돈가스와 불고기만 외치던 고영민이라니!

마지막으로 하고 싶은 말 없나요?

마지막으로, 앞으로도 시민 여러분이 시청에서 주최하는 활동에 많이 참여해 주셨으면 좋겠습니다.
선배보다 말을 더 잘하는데요.
그러게…
동감!

시청의 프로그램과 다양한 아이디어, 그리고 시민의 자발적인 참여로 개최된 이벤트. 지방 자치 단체들의 바람직한 활동 방향을 보여주는

좋은 예가 아닌가 싶습니다.
MBS 김나영입니다.

넌 말 한 마디 못하고 V자나 그리고 있냐?
아우, 언니는! 애들이 다 그렇지.

띠링♪

혜미잖아.

애들아! 국일 아이에서 우리가 공부방을 만들면, 책이나 1000권이 대! 지원해 준 멋지지!!

치, 나한테만
보낸 줄 알았더니….

영민이는
인터뷰를 잘 했고,
혜미는 공부방에
필요한 책을 구했고!

다행이네.
윤철이가 있어서….

아니지!
이럴 때가 아니지!

맨 처음
나의 목표를
잊어선 안 되지!
불끈

나 강성훈!
한다면 한다!
지켜봐줘!

나는 공무원이 될 수 있을까?

요즘 공무원의 인기가 하늘을 찌른다고 해요. 최근에는 30대만 되어도 직장에서 퇴직하는 경우가 있답니다. 그래서 60세까지 정년이 보장되는 안정적인 직업인 공무원이 되고 싶은 사람이 많은 거예요.
그런데 공무원은 아무나 될까요? 나는 공무원이 될 수 있을지, 된다면 어떤 공무원이 될 수 있는지, 재미삼아 알아보아요.

아래 문제를 읽고, 스스로에게 점수를 줘보세요.
'그렇다' 1점, '아니다'는 2점입니다.

1. 나는 날마다 출근하는 직업을 갖고 싶다.

2. 나는 여기저기 돌아다니는 것을 싫어한다.

3. 나는 내가 할 일을 누가 정해주거나, 미리 정해 놓는 것이 좋다.

4. 나는 나보다 '우리'가 중요하다고 생각한다.

5. 나는 내게 주어진 일만 하는 편이다.

6. 나는 한 가지 일에 집중을 잘 하는 편이다.

7. 나는 이야기를 잘 못 만들어 내는 편이다.

8. 친구들은 내가 무엇을 할지 잘 알아맞힌다.

9. 나는 책임감이 있다는 이야기를 자주 듣는 편이다.

10. 나는 모험을 통해 일확천금을 얻는 것을 꿈꾸지 않는다.

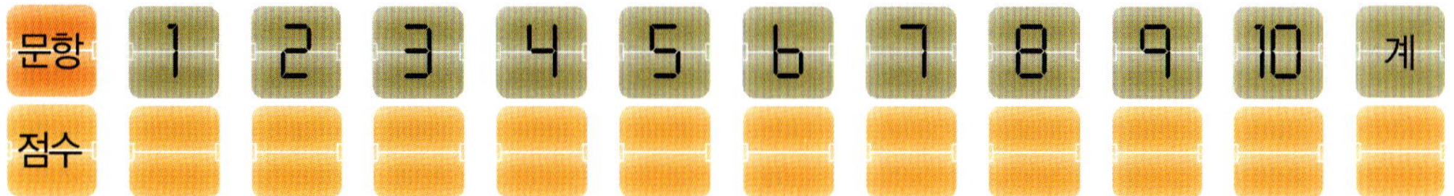

11 점 이하

아주 평범한 공무원이 될 수 있겠어요.
오히려 너무나 무난해서 재미없는 공무원이 될지도
모르겠어요. 그러니 자기만의 독특함을 개발하도록
노력해 보세요.

14 점 이하

적당히 튀는 공무원이 될 수 있을 것 같아요.
적당히 자신의 생각을 말하고,
적당히 자신이 마음먹은 대로 행동해서,
나도, 다른 사람도 즐겁게
일하게 하는 분위기메이커예요.

17 점 이하

개성 만점, 공무원이 될 수 있겠는걸요.
나만의 통통 튀는 개성과 방식으로 주민들에게
큰 도움을 줄 수도 있을 거예요.
그러니 지금부터 나만의 개성을 살려 보시길.

18 점 이상

공무원은 많은 사람들을 위해
여러 사람과 함께 일해야 하는 직업이에요.
공무원에 도전하고 싶다면
그것을 항상 마음속에 새기길 바라요.

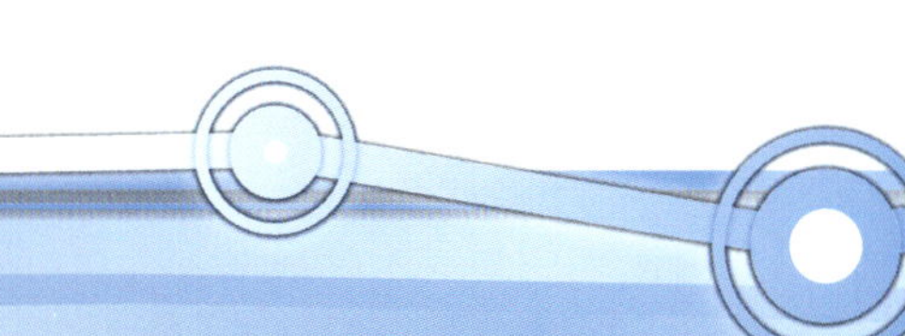

초판 1쇄 발행 | 2012년 8월 31일
초판 3쇄 발행 | 2013년 10월 30일

지은이 | 김원식
그린이 | 안광현

펴낸이 | 이종문(李從聞)
펴낸곳 | 국일아이

기획 편집 | 송인국, 김미화, 홍지은, 김숙연, 한송희
디자인 | 이희욱
영업 마케팅 | 김종진, 이진석, 정아민
교육사업부 | 임상국
관리 | 최옥희, 장은미
제작 | 유수경

등록 | 제406-2008-000032호
주소 | 경기도 파주시 교하읍 문발리 파주출판문화정보산업단지 507-9
전화 | 031) 955-6050
팩스 | 031) 955-6051

ISBN 978-89-94749-39-6 (14300)
　　　 978-89-94749-10-5 (세트)